Haciendo las paces
con la chica del espejo

Guía de reconciliación con tu amor propio

Martha Verdugo

davina@alegriamagazine.com

ISBN: 978-1-7361496-6-9
Published by Alegria publishing
Library of Congress Control Number: 2021904649

Ilustraciones: Melissa Enriquez
Edición: Araceli Rendón
Diseño de Portada: Tania Peregrino y Martha Verdugo
Book layout: Diane Castañeda y Omar Castañeda, Sirenas Creative

*A las mujeres hermanas, amigas,
compañeras, maestras y guías que me rodean.
A las mujeres con las que he aprendido el
desafío de vivirme mujer.
A las mujeres que compartiendo sus
aprendizajes de vida
le han dado luz a este proyecto.
A las tres mujeres que más amo, mis hijas.
A la mujer sabia que me crió y creó, mi madre.
¡Gracias, gracias, gracias!*

Índice

Agradecimientos

Agradecida con la vida y de quienes me dieron la existencia; mi madre María Dolores Cenizo y mi padre Alfonso Verdugo. Los amo y los amaré siempre. Agradecida de la gran familia que nos ofrecieron, siempre rodeada de música, libros y donde experimenté de todos los juegos posibles en equipo. Gracias a ellos disfruté de grandes momentos de convivencia familiar que atesoro en mi corazón por siempre. Gracias a mis hermanas Dolores, Antonieta, Ana, Patricia y especialmente a mi hermana Cristina, que siempre me ha acompañado en las aventuras, es mi confidente y amiga desde la adolescencia. A mis hermanos Alfonso, Marcelo, Martín, Mauricio, Santos y Marco. Les amo a todos y todas.

Gracias a la vida porque he tenido la suerte de contar con amigos y amigas, maestros y maestras con quienes he sostenido pláticas, reflexiones y compartido maravillosas experiencias de vida y aprendizajes. Agradezco a todos y todas mis guías Gestaltistas, especialmente a mi querido maestro Sergio Vázquez (QEPD). A mis compañeros y compañeras de maestría "mi grupo colchón" con quienes cambió mi manera de ver el mundo y de relacionarme. A mi admirada amiga y directora de tesis, Dra. Andrea Spears (QEPD). A mis hermanas elegidas Elizabeth Ibarra, Kenya Herrera, Marcia Burruel, Araceli Rendón, Gloria López, Martha López, Tania Fajer, Teresa Ampudia, Mónica Mariscal, Citlalli Cruz, Ángela Carrillo, Fabiola Flores, Karla Pedrín, Liz Durand, Érika Fuentes, Isadora Clark. A mis hermanos elegidos Francisco Martínez, Naín Martínez y Javier Ballesteros. Les admiro y aprendo.

Agradezco también a mis amadas hijas, ¡Me tocaron las mejores! Martha Cristina Rodríguez, Melissa Enríquez y Andrea Enríquez, con quienes sigo compartiendo la enseñanza del amor incondicional. Gracias por estar siempre allí como los tres mosqueteros "una para todas y todas para una". A mis hijos adoptados, mis yernos, Ricardo Nuñez y Alejandro Márquez, con quienes comparto quién soy, nos divertimos y aprendo.

Gracias en especial a mi hija Melissa Enriquez por su trabajo y talento, quien es parte de quién diseña y produce este proyecto, con quien comencé a concebir y a emocionarme por lo que estaba sucediendo: este libro. Y gracias infinitas también a mi amiga hermana Araceli Rendón, quien dedicó tiempo, paciencia y entusiasmo para leer y editar este libro..

Gracias a la vida que como una tómbola hermosa, me ha permitido cambiar, soltar, y descubrirme. Agradezco a mi compañero de vida Shawn Lahr, por estar a mi lado y darme un espacio de vida fértil para la creación y a quién elegí para compartir el amor y la familia.

Muchas gracias a ti que me lees. Gracias por la oportunidad que me das de compartir experiencias y aprendizajes, de contribuir con un granito de arena en tu camino. Espero que este libro te guíe a la reconciliación con tu amor propio, toque tu corazón y te ames, porque esta es la principal intención. ¡Gracias por confiar en mí!

Que hacer las paces con la chica del espejo, te lleve a una hermosa relación contigo misma y con tu vida. Que sientas la fuerza que te da el descubrirte sabia y dueña de tus propias decisiones y camines con el resplandor y la sonrisa que surge del amor propio.

Presentación

Porque nadie puede saber por ti.
Nadie puede crecer por ti.
Nadie puede buscar por ti.
Nadie puede hacer por ti
lo que tú misma debes hacer.
Tu existencia no admite representante.

Jorge Bucay

Hace un tiempo encontré esta enseñanza de Bucay. Me pareció tan cierta que supe de inmediato que la usaría para explicar lo que se requiere para hacer las paces con la chica del espejo. Y es así de simple: te requiere a ti y a nadie más. Requiere de tu querer y de tu compromiso, de tu constancia y tu consciencia. Como dice Bucay, *"tu existencia no admite representante",* lo tienes que querer tú, sentir, buscar y tomar la decisión de emprender el camino de tu encuentro. Por eso, antes de continuar, déjame hacerte una pregunta, ¿estás lista para iniciar el maravilloso viaje de reconciliación con tu amor propio?

¡Bienvenida a hacer las paces con la chica del espejo! Bienvenida a este proceso de aprendizaje, de autoconocimiento y descubrimiento que te permitirá manejar tus emociones, identificar tus habilidades, tus fortalezas, los recursos con los que cuentas y los obstáculos, específicamente mentales y emocionales.

Déjame decirte que, el camino del autoconocimiento es un evento que transcurre entre preguntas y respuestas, entre tus historias, tus intenciones, tus sueños, tus elecciones, tus placeres y los amores vividos. Y al recorrerlo, sabrás unir todo sabiamente al reconocer que las lágrimas y las risas, el presente y el pasado, la niña que fuiste y quién eres hoy te integran a ti. Conocerte, también te permite el descubrimiento de tu dimensión espiritual, y eso será maravilloso!

Aunque hacer este recorrido es solamente por ti y para ti, es bueno que sepas que hacer las paces con la chica del espejo no solamente lo vivirás tú, también lo verán y sentirán las personas a tu alrededor. Lo notarán en tu rostro, en tu nueva armonía de ser y estar, en el nuevo amor que te tienes, en la forma en que te cuidas e inclusive, en tu forma de caminar. Serás ejemplo a seguir para las mujeres que te rodean, porque se vive bonito de esta manera, se vive con paz y armonía.

La propuesta tiene cuatro avances: **Conocerte** es primordial para saber hacia dónde caminar en tu desarrollo personal. Y conocerte implica reconocer tu historia y una revisión de tus cuatro dimensiones; mente, cuerpo, emociones y espíritu. **Descubrirte** es lo que sucede después de conocerte, descubres los aprendizajes y las habilidades adquiridas durante tu andar en el mundo y se reconocen las cualidades y la sabiduría. **Activarte** es la tercera instancia. Es cuando se hacen los cambios, los ajustes, se hacen los movimientos mentales, emocionales, físicos y espirituales necesarios para la transformación, y por último está el **empoderamiento interior**, que es otra clase de poder, es el poder que te da mirar y explorar tu ser interior, conocerte y encontrarte con tu fuente de sabiduría.

Sabrás que estás lista cuando llegue la hora de atender tus prioridades. Si has detenido tu vida porque tienes que tomar nuevas decisiones o una nueva dirección o si es necesario aprender a soltar algo, entonces déjate llevar por tu intuición, por tu sabia interior, y considera caminar con pasos claros y precisos, hacia lo que será la mejor versión de ti.

Es importante para mi decirte que este libro surge de una creencia elegida. Como dice Rita Segato, cuando las circunstancias y la escuela nos dan la oportunidad de comprender algo, una manera de devolver lo recibido es compartirlo. Por esta razón, comparto lo que he comprendido como madre, alumna, maestra, psicóloga, socióloga, terapeuta, activista, catedrática y principalmente mujer. Espero que disfrutes de esta lectura y el encuentro contigo misma. ¡Que la chica del espejo, tu niña y tu sabia interior te esperan para reunirse!

Abre tu corazón al mundo maravilloso
que vive dentro de ti.
Cierra cualquier puerta
que te aleje del poder
de observarte con los ojos del alma,
tu esencia más pura

Davina Ferreira

Capítulo 1

Nosotras las mujeres

¿Quiénes somos nosotras las mujeres?

Te has preguntado ¿por qué de alguna manera las mujeres hemos aprendido desde pequeñas a servir, cuidar, atender, limpiar, cocinar, a dar, o darnos? Y si no lo hemos aprendido, de alguna manera ¿se espera que sepamos hacerlo?

Por otra parte, ¿sabes de las muchas maneras que nos han llamado a las mujeres a través del tiempo? santas, puras, dóciles, débiles, putas, adúlteras, solteronas, brujas, zorras, ninfomanas, feas, fracasadas, malas madres, desalmadas, estériles, histéricas o locas. A las mujeres nos han culpado de calamidades históricas y hemos sido utilizadas en casi todas las culturas para representar el mal, como las brujas de los cuentos o las malvadas en las leyendas.

Hemos vivido la inequidad por siglos y prácticamente en todos los ámbitos. ¿A qué me refiero con inequidad? A que hemos tenido siempre diferentes derechos por la simple razón de ser mujeres. Cuando digo diferentes no me refiero a privilegios, sino a los derechos que nos negaron, como por ejemplo; votar, conducir, estudiar, leer, libre vestimenta, salarios equitativos, oportunidades, etc. Muchas de nosotras, tenemos un trabajo en casa sin salario y sin ser reconocido. Nosotras las mujeres, cuidamos nuestro cuerpo, pero no en acto de amor propio, sino para los otros, como esposas de alguien, viviendo el estar expuestas a ser escogidas o rechazadas.

Las mujeres nos vivimos dentro de muchos paradigmas o modelos impuestos que nos dicen, marcan o sugieren cómo deberíamos ser, comportarnos, vestirnos, cómo sentir y qué hacer en ciertas situaciones. Para nosotras, hay estatus de belleza, medidas específicas y habilidades requeridas. Somos consideradas las enfermeras del mundo, las cuidadoras de ancianos y niños. En ese afán de ser buenas y de cuidar a los otros, a nosotras nos han enseñado, en muchas ocasiones, que no somos prioridad.

Sin embargo, no todo es negativo, porque las mujeres también somos la mitad de la raza humana, y quienes damos vida a la otra mitad. Somos quienes consolamos a los caídos, las sanadoras del alma, las educadoras, las que heredamos sabiduría a las otras mujeres. Tenemos la maravillosa capacidad casi mágica de generar la vida. Y esta es una cualidad, un derecho, una virtud y también una posibilidad para nosotras, y aunque nos enseñaron a ejercer esa capacidad, esa posibilidad, casi de manera obligatoria, no debemos perder de vista que nos conecta con la vida y sus misterios, con sus ciclos, con la sangre, con la tierra.

Hoy en día, muchas cosas empiezan a cambiar para las mujeres. Se están rompiendo modelos de ser y de estar. Ahora muchas mujeres aprendemos a elegir nuestra vida y las maneras de vivirla, y también a elegir con quién queremos compartirla. Las mujeres estamos aprendiendo a ser protagonistas de nuestro camino y creadoras de nuestro destino. Todo cambia si concientizamos lo que las mujeres somos y podemos ser en realidad, con esa fuerza, empeño, y capacidad que no nos habíamos permitido sentir y expresar.

¿Qué es lo que sucede? Nos estamos encontrando a nosotras mismas, nos estamos uniendo. Las mujeres nos estamos reconociendo capaces, poderosas, empoderadas y sabias. ¿Puedes notarlo?

Descubrí que ser mujer lo cambiaba todo

De niña me gustaba observar a mi familia. Cómo éramos, qué hacíamos, cómo se comportaban conmigo. De hecho éramos 14: mamá y papá, 6 hermanos y 6 hermanas, de las cuales soy la más chica de las mujeres y la novena en nacer. Me gustaba reflexionar sobre cómo era nuestra manera de relacionarnos, quiénes se llevaban mejor, por qué se discutía, y siempre estaba yo pensando en soluciones. Esto es algo muy automático de mi parte, pensar en hallar soluciones. Creo que por eso estudié psicología. Para mi familia, mi característica de brindar soluciones fue un tema complicado. ¿La razón? ¡Yo era mujer!

De niña me di cuenta de que cuando opinaba muchas veces me ignoraban, pero si eso mismo era dicho por mi hermano, que repetía lo mismo como si fuera su idea, entonces sí era escuchado y su opinión era considerada. No creo que haya sido la única mujer en vivir este tipo de experiencias. ¿De casualidad te ha pasado? Fue cuando empecé a preguntarme ¿qué pasa? ¿qué era lo que yo tenía o me faltaba?, ¿qué era lo que me hacía diferente?, ¿en qué fallaba? Al fin y al cabo, niña que fantaseaba, pensé que algo estaba mal en mi o que mis preguntas eran incorrectas o que no era bastante clara para explicar lo que sentía y en todo caso, me sentía mal conmigo. Al poco tiempo me di cuenta que la razón era que yo era mujer, y ser mujer al parecer ¡lo cambiaba todo!

Me preguntaba, ¿cómo es posible que por ser mujer no fueran válidas mis opiniones o mis ideas? ¡No lo podía creer! En mi familia, ser mujer fue una razón válida para muchas cosas, como no ir al parque o tener otro horario de entrada y salida  de casa, hacer más quehaceres o incluso, para condicionar mi asistencia a la escuela (¿te imaginas?, me castigaban con no ir a la escuela, nomás porque me gustaba), y yo tenía que asegurarme de despertar y que mis hermanos fueran a la escuela conmigo o de lo contrario, yo no podía irme.

Con el tiempo, tuve que comprender también que ser mujer era una razón válida para tener miedo de caminar sola, de llorar a la hora de volver a casa sola de la escuela porque muchas veces me perseguían, tendría que aprender en dónde estar, con quién y a qué horas. Estar alerta y correr cuando fuera necesario, pero eso lo aprendí después, en mi adolescencia.

Preguntaba ¿por qué eran diferentes las reglas para las mujeres? Nadie respondía ni daba razones. Parecía que nadie sabía, sólo me decían "así debe ser y ya", "¡Obedece, no preguntes tanto!". Fue así cómo me convertí en la "contestona", porque empecé a preguntar; ¿dónde está escrito eso?, ¿qué diferencias hay entre hombres y mujeres?, ¿quién da esas razones?. Aunque parecía que a nadie le importaba como a mí, nadie lo creía injusto como yo, y nadie sabía por qué, sólo que así era. Comprendí desde entonces que sólo era una creencia.

Las creencias, para Ortega y Gasset son ideas tomadas como verdaderas y con las cuales construimos nuestra realidad. Todas nuestras conductas y pensamientos dependen de nuestro sistema de creencias en el que "vivimos, nos movemos y somos". Por eso, no necesariamente son cuestionadas ni se razonan ni se tiene conciencia de ellas. Cuando creemos en algo como verdadero, solamente lo vivimos así y lo convertimos en nuestra realidad. ¿Imaginas qué importancia tienen las creencias en tu vida? Otra pregunta, ¿identificas qué creencias gobiernan tu vida?

En plena adolescencia y con una actitud retadora andaba en búsqueda de la verdad sobre el por qué de las diferencias entre ser hombre y mujer. Para ese entonces, ya me había ganado otros dos apodos "la mula" y "la licenciada" y todo por preguntona. ¡Nunca se me quitó, por cierto!

Recuerdo que en cierta ocasión, mi papá nos dijo que íbamos a pescar el fin de semana. ¡Imagínate qué emocionante!. Todos, incluyéndome yo, ansiosos esperando el día sábado. Ese día nos levantamos temprano, y casi al salir, mi papá anuncia "¡tú no!, sólo vamos los hombres". No cabía en mí tanto asombro y enojo ¿Y eso por qué? pensando que era injusto. ¿Cómo?, yo era la primera en estar lista y hasta había ayudado a empacar las cosas para el desayuno.

Por supuesto que lo discutí, empecé por preguntar a mi papá "dígame ¿por qué?". Él no tuvo razones válidas y yo "mi abogada personal" le gané con todos mis argumentos. No tuvo otra opción que llevarme con la condición no hablada de hacer el desayuno para todos antes de intentar pescar. Más tarde, ya en el lago ¿Qué crees que pasó? ¡Fuí la única que pescó! Regresé triunfadora y empoderada. A mi papá eso no le hizo mucha gracia. En el fondo pensé; ¡Y eso que soy mujer! Porque tenía la idea, no sé de dónde la saqué, de que las mujeres no somos buenas para pescar ¿o si?. Yo todavía lo recuerdo, porque lo platiqué muchas veces y al parecer lo sigo haciendo. Lástima que todavía no había selfies, porque de seguro te compartiría una foto con una gran sonrisa de triunfo en mi cara y ¡mi pescadito!

Entonces sostuve la idea de que yo debía tener las mismas reglas, obligaciones y derechos que mis hermanos. Y así empecé, abrazando mi argumento, porque sentía que tenía el mismo valor y los mismos derechos, y que eran tan válidas sus creencias como las mías. Esto me llevó a muchas discusiones y descubrimientos, ¡Y claro! me volví la oveja negra, mula, y contestona de la familia. Y aunque ahora lo cuento como una gracia, la verdad, fue una lucha constante de defensa, que me mantenía enojada y me hacía sentir descalificada. ¿Te has sentido así?

Comprendí que una creencia nada más es eso, ¡una creencia!, no necesariamente es una verdad. Aunque lo fuera para alguien, no necesariamente tendría que ser "esa" la verdad para todos. A veces, desconocemos nuestras propias creencias y damos por cierto todo lo que creemos. A veces, tenemos miedo a cuestionar algunas creencias porque vienen acompañadas de castigos si se desobedecen. No importa si las creencias son mucho o poco creíbles, una vez instaladas en la mente, las personas sólo las siguen o viven a partir de ellas. Descubrí que no todas las personas se hacen las mismas preguntas y de hacerlo, a unas personas les interesan las respuestas y a otras no, porque hay tiempos, hay procesos en las personas para empezar a preguntarse.

¿Te ha pasado algo parecido? No sé si te lo habías preguntado o solamente lo hayas vivido. No sé si empezaste a notar las diferencias de cómo se vive siendo hombre y cómo se vive siendo mujer. Lo cierto es que cuando empiezas a saberlo y quieres hacer algo al respecto, es el momento en que inicia la búsqueda de tus derechos. Inicia tu desarrollo personal, empiezas a hacer las cosas que tú quieres, a perseguir tus sueños, a empoderarte, a creer en ti.

Lo importante es empezar. Y si estás leyendo este libro es porque ya estás buscando cómo hacer las paces contigo, cómo lograr tu paz interior, cómo armonizar tus ideas y unir lo que quieres ser con lo que te dicen que debes hacer. Mediando lo que tú eres, con la persona que los demás quisieran que fueras. Es buscar una reconciliación con tu capacidad y posibilidad de desarrollarte, para reencontrarte contigo misma y vivir sin la culpa de las expectativas que han puesto sobre ti. En este proceso por lo general hay contradicciones, porque parece fácil, pero tratar de hacerlo no lo es ¿cierto? ¡Imagínate! Buscas reconciliarte con una imágen que hay en el espejo con creencias que no elegiste, emociones que a veces desconoces y un cuerpo determinado que se supone, no debería ser tu reflejo. Difícil de hacerlo ¿verdad?

Hay muchas contradicciones con el modelo impuesto de ser mujer, que te dice de alguna manera lo que debes soñar, querer, creer y hacer. Que no necesariamente concuerda con lo que tú piensas, sueñas y quieres. Es cuando empieza tu lucha interior, este camino de encuentros y desencuentros, de rompimientos de creencias, de nuevos sueños, para rescatar lo que sí eres, tu esencia. Porque somos muy parecidas, pero no iguales, así que cada quién hará su propios descubrimientos en el camino de sus experiencias.

Si te has cuestionado las reglas impuestas y te has enfrentado a esas contradicciones de sentirte inadecuada a contracorriente o preguntona, de seguro te han considerado una ovejita negra. ¿Y sabes qué? ¡Felicidades! porque eso quiere decir que tú estás rompiendo patrones con los que no estás de acuerdo. Estás marcando otras rutas a seguir, estás dejando nuevas huellas que liberan y amplían el camino a mujeres de las nuevas generaciones. ¡Felicidades ovejita negra, eres un agente de cambio!.

Nomás no me malinterpretes. No se trata de romper las reglas e ir en contra sin sentido. A veces dar la contra es solamente una actitud y no necesariamente es porque se comprende algo y se defiende. Es distinto romper las reglas porque están mal o son injustas a romperlas porque estás enojada o no te convienen a ti de manera personal.

¿Qué descubrí en el transcurso de mi vida? Si bien siempre me he sentido la oveja negra de mi familia, hace algunos años, pasó de ser una especie de defecto, a una actitud que he utilizado para brindar apoyo a otras mujeres compañeras que inician sus camino, me volví una oveja negra activista, lo cual me ha hecho sentirme orgullosa de todo el proceso, y validado que todo el dolor, las renuncias y las denuncias han valido la pena. ¡Y eso se siente mejor!

Hermanas unidas en el respeto y en el amor

¿Alguna vez has sentido que tus amigas compiten contigo? ¿Te has fijado que buscamos siempre lucir diferentes unas de las otras? Que cuando criticamos a una mujer, esta mirada parte de ¿cómo está vestida o qué tipo de cuerpo tiene? Esta manera de vernos es cultural. Proviene de un aprendizaje heredado por generaciones, que nos ha enseñado a competir entre mujeres, porque hemos aprendido que tenemos que ser elegidas y no hemos aprendido a elegir.

Esto nos pasa a todas. Nos han enseñado a competir para poder ser elegidas. Por eso te pregunto, cuándo te miras al espejo, ¿lo haces amorosamente? ¿Te insultas? o ¿simplemente no te gustas? De seguro muchas veces ante el espejo te has cuestionado si cumples con los requisitos de ser bonita, de tener un cuerpo a la medida, de ser talentosa o atractiva, y no como una afirmación, sino como un reproche. Todas estas preguntas vienen de la creencia que nos han inculcado de querer ser elegida.

Durante generaciones, en lo que se refiere a relación de parejas, nos han enseñado que alguien tendría que escogernos; nuestro novio tendría que escogernos, nuestra pareja, nuestro esposo. Esta sensación de que tenemos que estar siempre presentables para ser elegida o ser "la mejor" es una de las principales razones de la competencia. Buscamos estar por encima de las demás mujeres, para poder ser vistas, para poder ser atractivas y lograr ser elegidas y eso nos lleva a querer destacar. Esta situación es la que nos lleva a competir, incluso de manera desleal y también a boicotearnos unas a otras.

¿Es ser elegida por una pareja una aspiración en tu vida? Ante esa expectativa ¿te has sentido en ventaja o desventaja respecto a otras mujeres? Si en esta competencia te has sentido en desventaja o en una situación que crees que no te permite entrar en esta competencia, probablemente te haga sentir triste, deprimida y enojada contigo y muchas veces esto sale fuera de ti. ¿Cómo? Juzgas a las demás mujeres, como te juzgas a ti.

Juzgarte en el espejo, no es un asunto tan personal como crees. Es parte de un aprendizaje y de la cultura que no incluye valorarnos como mujeres. Esto inició desde que éramos niñas. No aprendimos a valorar nuestras ideas, ni a aceptar nuestros sentimientos, ni nuestro cuerpo. Fue todo lo contrario. Escuchamos frases como "calladita te ves más bonita", "sé fuerte, que nadie conozca tus sentimientos", "90-60-90 es el cuerpo ideal".
El problema es que si queremos adecuar nuestra manera de ser, de pensar y de sentir a los modelos que se supone nos llevarán a ser una mujer elegible, te enfrentas a una tarea desgastante, frustrante e imposible.

Con el tiempo, esta manera errónea de relacionarnos con nosotras mismas se refleja en el espejo y te impide ver tu belleza real. Al crecer como mujer, nos piden características más específicas, ya sea medidas del cuerpo y hasta maneras de ser. Así empieza nuestro reproche por lo que no tenemos, lo que no cumplimos, lo que no somos, y crecemos sin valorarnos y amarnos. Así que no te culpes por ésto, porque no eres la única. Lo cierto es que hay que cambiarlo. Hay que aprender a tener unos nuevos ojos, unos ojos más cariñosos para vernos y ver a las demás. Aprender a elegirte y a cuidarte. ¿Estás de acuerdo?

Esta dinámica que se da entre mujeres, nos lleva a descalificar y competir para estar por encima de otras mujeres. Se ha transmitido por generaciones haciéndose parte de nuestras creencias y no tiene nada que ver con educación o condición social. No tiene nada que ver contigo o tus sentimientos. Es una idea que ha permeado en las mujeres y hay que trabajar para darnos cuenta de que no tenemos por qué competir, pero ¡sí tenemos el derecho de elegir!

Así que esta idea enraizada en muchas mujeres no tiene por qué permanecer en ti. Por eso es importante el trabajo personal. Es importante empezar a creer en ti. Revisar tus propias creencias que te ponen en una situación de desventaja, primero con la vida y en una situación de competencia con otras mujeres a tu alrededor. Recuerda, esto no solamente lo haces tú, lo hacen todas las mujeres que siguen creyendo en ser elegidas y no han aprendido que ellas pueden elegir.

¿Has notado que cuando una mujer busca romper las reglas, en ocasiones somos las más agresivas, intolerantes o enjuiciadoras? Cuando una mujer quiere salir de este ideal de mujer, siempre habrá otras mujeres que dirán que está tomando el camino equivocado. Como si hiciera algo que no tiene el derecho de hacer; es porque está incumpliendo con un modelo femenino impuesto, lo está transgrediendo. Las mujeres que rompen con patrones y estereotipos, son modelos nuevos de vida para todas. Ellas nos dicen que hay nuevos caminos, nos muestran que existen alternativas, que las imposiciones son sólo ideas a superar, que no son ciertas y agreden tu amor propio, en particular por la manera en cómo te juzgas, miras y tratas.

Darte cuenta te permite reconciliarte contigo y con las otras mujeres. No de competencia, sino de sororidad con otras mujeres. La palabra *sororidad* es un término derivado del latín *soror (sor)* que significa hermana y surge para darle entendimiento a esta hermandad en las mujeres. Fraternidad (frater) es la hermandad entre hombres y Sororidad es la hermandad entre mujeres.

Cuando te das cuenta que la forma en que eres y actúas contigo, es la misma con la que tratas a otras mujeres, se entiende que esta competencia es insana e innecesaria. Para salir de esta competencia, para cambiar ese patrón milenario que existe entre nosotras, tienes que tener conciencia de lo que es la competencia y sus consecuencias. Tienes que poder reconocerla y actuar para no repetir estas falsas creencias.

¿Has sentido que algunas mujeres te traicionaron? Probablemente así haya sido. Otras mujeres también te han lastimado a ti, se han comparado contigo y te han excluido y juzgado. Quizás esto te ha causado dolor. Comprendiendo esta parte de la enseñanza generacional que te comenté anteriormente, tal vez estés más abierta a perdonar las imprudencias que han tenido otras mujeres y también a perdonarte, porque es probable que también has ejercido esta descalificación y comparación hacia otras mujeres.

Para sanar necesitamos practicar la sororidad. Se necesita tener compasión por ti y por las otras mujeres que están atrapadas en esta competencia. Iniciar el camino hacia la auto reconciliación es descubrir tu verdadero valor y tu poder como mujer, descubrir tu sabiduría interior y originalidad. De esta manera no necesitas competir y podrás utilizar tu energía en desarrollar tu ser y podrás preguntarte qué es lo que quieres, para qué, qué sentido le quieres dar a tu vida y elegir lo que tú quieras elegir.

La elección no tiene que ver con casarte o tener hijos. Puede ser elegir una carrera, viajar, realizar tus sueños. Puedes crear tu destino y ser la protagonista de la historia por la que tú vas a ser responsable. Porque empoderarte de ti, necesita de tu compromiso ¿recuerdas? requiere de tu responsabilidad y ésta es contigo, de crecer y evolucionar, de ser tú mejor versión.

Cuando encuentras a otras mujeres que ya han desarrollado su conciencia, se da una especie de comunión, porque nos reconocemos queriéndonos, respetando nuestro cuerpo, mente y personalidad; desarrollando el amor propio. Al sacar tu luz y esencia empiezas a honrar tu feminidad, tu ser sagrado, tu sabiduría y exploras, conoces y descubres todo lo que eres y reconoces de ti. Te empoderas de lo que has vivido, de tal manera que creas empatía hacia cualquier mujer que tengas enfrente. ¿Hacemos un trato de sororidad entre todas? ¡Imagínate la fuerza de todas las mujeres unidas!

Nada es del todo seguro,
la vida se debe vivir
desafiando constantemente a lo desconocido,
porque la vida no es estática,
va cambiando constantemente.

Odin Dupeyron

Capítulo 2

Integración corporal

¿En qué somos iguales las personas?

Las cuatro dimensiones

Fue en una clase de Integración Corporal, que el Dr. Marco Antonio Peñuela, me enseñó una información que consideré básica y relevante, y si pudiera la nombraría "Instructivo elemental del ser humano". Considero que comprender quiénes somos y qué compartimos los seres humanos, nos da muchas respuestas y también más entendimiento.

Si en algo coinciden la psicología, antropología y la sociología es que las personas nos integramos como seres biopsicosociales. Otra dimensión que se considera, es la espiritual, relacionada con el sentido de vida porque como ser humano tienes cuerpo, mente, emociones y una dimensión espiritual.

Conocer las cuatro dimensiones de tu ser permite en primer lugar, saber que somos un conjunto de muchas cosas, pero que dentro de nuestras diferencias todos y todas somos y poseemos cuatro dimensiones. Observar cómo te manejas en cada una de ellas, permite *darte cuenta* qué consideras más importante de ti, y a cuál parte tuya le estás dando o restando importancia. Te ayuda a saber que área o áreas sería conveniente desarrollar para estar en armonía contigo, ya que ésto es empoderarte al interior, conocer las necesidades cubiertas y las carencias, con la idea de ser y sentirte mejor.

La primera dimensión es la física y se refiere a tu cuerpo, que es como la envoltura de las otras tres y te acompaña en todo tu viaje de vida. Resulta curioso cómo a veces se nos hace difícil la tarea de cuidar de nuestro cuerpo, atenderlo, nutrirlo y ejercitarlo. Ésto no es otra cosa más que quererte.

Resulta difícil porque nos han enseñado a estar en desarmonía con nuestro cuerpo, al pretender que todos los cuerpos sean iguales y al imponer las mismas proporciones. ¡Lo cual es imposible!, ¿Cierto? entonces has aprendido a ignorarlo, a no escucharlo y a desconocerlo.

Ahora lo vital es tener conciencia de que tu cuerpo es único y sin repuesto. Ésto te permitirá quererlo, cuidarlo y nutrirlo para que te acompañe en su mejor presentación y te permita estar alejada de las enfermedades, viajar y llevar a cabo tus sueños. En otros capítulos hablaremos más acerca del cuerpo porque todavía hay muchas cosas que decir.

La segunda dimensión es nuestra mente o la parte cognitiva. Esta área suele ser considerada la más relevante porque representa el conocimiento, nuestro ser intelectual, lo académico y ¡claro que es importante! tan importante como las otras tres dimensiones. La educación, información, ideas, creatividad, creencias, pensamientos, recuerdos, valores y todas las fantasías corresponden a tu mente. Por ello es relevante que escojas lo que aprendes, ejercites tu mente con lo que analizas, reflexionas, cuestionas para discernir lo que crees o piensas y con ello, desarrollas tu criterio. Lo anterior, permite cambiar ideas viejas y falsas, por nuevas y verdaderas o actuales. Abrir tu conocimiento te ayuda a tomar mejores decisiones de vida y desechar ideas que te impiden crecer. Recuerda, lo que habita en tu mente, tus ideas y creencias son la forma en la que vives y le da razón a tu comportamiento.

La tercera dimensión se refiere a todas tus emociones y sus

estados. Parecería un hecho que cualquier cosa que sientas tendría que ser identificada por ti de manera automática, ¡pero no es así! Desconocemos nuestros sentimientos porque los confundimos o no sabemos interpretarlos debido a que nos enseñaron a esconderlos sin nombrarlos, ya que se han clasificado como buenos y malos. Esta es una creencia incorrecta sobre los sentimientos, es importante conocerlos porque te integran, son parte de nuestra naturaleza y no tendrías por qué esconderlos.

Reconocer tus sentimientos e identificarlos te permite conocerte y reconocer tus sensaciones y lo que las personas y cosas te transmiten. Tal conocimiento te permite analizar y tomar decisiones en relación a lo que sientes y si realmente eso es lo que quieres sentir. Tus reacciones con respecto a un sentimiento pueden ser positivas o negativas. Pero una vez que tengas tus sentimientos identificados, sabrás más fácilmente cómo actuar al reconocerlos y estarás más preparada para manejarlos. Lo que no es recomendable es que tus sentimientos tengan control sobre ti, porque eso te puede llevar a tomar decisiones negativas y actuar de manera irresponsable.

Por último, la dimensión espiritual se refiere a la búsqueda de sentido y misión de vida. Es posible que hayas desarrollado esta dimensión a través de la religión, por una deidad, con un gurú, un apostolado o una tarea de voluntariado. Incluso, mediante tu profesión o el trabajo que amas, ¡hay muchísimas formas de desarrollarla! La espiritualidad puede ser una búsqueda de toda la vida, porque la mayoría de las veces no sabemos qué buscamos. Es como la felicidad, todos estamos

tras de ella pero no le hemos mirado el rostro, así que no sabemos cómo luce. Espiritualidad es prestarle oídos a la voz interior que te invita a razonar, cuestionar y responder preguntas existenciales de trascendencia y te conecta con el universo. La espiritualidad da paz interior, te invita a descubrirte como un ser que forma parte de este infinito universo.

Si no estás en armonía con tu dimensión espiritual eres vulnerable. En ocasiones te vuelves influenciable y te lleva a seguir valores ajenos o caer en crisis existenciales o en un sin sentido de vida. En cambio, si estás en armonía con tu espiritualidad te da seguridad, orienta tus valores de vida a seguir, moldea tus pensamientos, tu huella ecológica, tu misión como ser humano, es decir, tu ser y estar en este mundo.

Como te habrás dado cuenta, las dimensiones son importantes y se relacionan unas con otras, porque eres el conjunto de todas ellas. El darle más importancia a una o algunas, te deja con aspectos a desarrollar y determina de muchas maneras la desarmonía, descontento, incompetencias y desconocimiento en algunas áreas de tu vida. Y por el contrario, con las dimensiones más desarrolladas te sientes competente, saludable, armoniosa, orgullosa, segura y libre.

Ahora, te invito a reflexionar y detectar cuáles son tus dimensiones fuertes y cuáles las ignoradas. Conocerte es parte del camino de desarrollo y armonía personal. Comienza con esto: ¿Cuál o cuáles son las dimensiones a las que les has dado importancia? ¿Cuál o cuáles son las dimensiones a las que has negado importancia? ¿Cómo descuidas tus dimensiones ignoradas? ¿Cómo podrías desarrollar tus áreas menos atendidas? Es importante valorar cada una porque ¡todas las dimensiones te integran a ti!

Condiciones y atributos que compartimos

Como seres humanos también compartimos una serie de condiciones que a veces nos resultan obvias, pero que si revisamos en conjunto nos podemos sorprender. Una de las primeras condiciones que quizá habrás escuchado o que alguien te habrá dicho, es que "**eres única**". Cuando hablo de esta unicidad, no sólo me refiero al concepto o idea: ¡verdaderamente eres única!. No hay ni habrá ningún ser humano como tú en toda la historia de la humanidad, y eso que por lo menos 107 mil millones de personas han habitado la tierra desde sus inicios hasta la fecha. Increíble, ¿verdad?

Saberlo por lo general no cambia nada. Cambia cuando te sientes y sabes única. Cuando eso sucede y te apropias de esta unicidad y la reconoces en ti, te sientes orgullosa y comprometida con la responsabilidad de tu existencia, de la oportunidad de estar aquí y de vivir. Cuando llegas a comprender esta unicidad, sabrás y vivirás consciente de que eres única.

Resulta un dato curioso que cuando una persona se siente única y lo manifiesta, a veces la criticamos, incluso se le dice que "se cree hecha a mano". Y sí, ¡efectivamente estás hecha a mano! Eres única y cuando interiorizas este conocimiento se vuelve una manera de vivirte. Es entonces, que te *das cuenta* que la persona que está a tu lado, sea hombre o mujer, mayor o menor que tú, también lo es; puedes revalorar los momentos que has estado con las personas que amas, sabiendo que no se repiten, que son únicas y que hemos coincidido en un espacio-tiempo para vivir nuestra unicidad, comprendernos y maravillarnos. ¿Puedes sentirlo?

Cómo eres única, **eres irrepetible**. Aunque la ciencia avance y llegue a existir la clonación perfecta, siempre serás irrepetible. Nadie como tú existió ni va a existir y menos que sea igual que tú, con tus mismas historias, experiencias y aprendizajes, que te hacen una persona irrepetible. Porque esa persona aunque se pareciera mucho a ti, no podría tener tus mismos sueños, pensamientos, experiencias y por lo tanto, no podría pensar, sentir, ni vivirse como tú.

Otra condición que compartimos, es que **eres indivisible.** Ésto implica que eres más que la suma de tus partes. Que tus brazos, piernas, ojos, nariz y boca te pertenecen, y sólo tienen sentido cuando están contigo. Y es tan importante saber y recordarlo, porque sucede que muchas mujeres se sienten incompletas por perder la matriz o un pecho y es comprensible pero no es real, porque en esencia eres indivisible. En cualquier circunstancia, seguirás siendo por siempre tú.

La tercera condición que todas conocemos, es que todas vamos a morir. *Eres finita*. No sabemos cuándo, ni dónde, ni cómo, pero lo sabemos. Quizás somos el único ser que tiene conciencia de esto. Recordar esta condición te hace reconsiderar el tiempo, aprovechar los momentos, capturarlos, saborearlos, tener conciencia de que todo transcurre y que se acaba cuando se acaba. También te invita a aprovechar los momentos cuando son y las oportunidades cuando llegan. Ya lo dijo el poeta Horacio, *Carpe Diem*, no confíes mucho en el mañana y aprovecha el instante cuando la vida te presente su maravilla .

Otra condición, que casi siempre olvidamos y nos frustra, es que **somos falibles**, nos equivocamos. Sin embargo, es por medio del tropiezo, del error y la equivocación que vamos aprendiendo todo en la vida. A veces ¡hay que equivocarse para aprender!. Ya lo dijo bien el pintor Bob Ross: "no hay errores, solo pequeños felices accidentes". Hay cosas que van a ser más fáciles de aprender y que vas a practicar una sola vez en la vida. La mayoría de las situaciones, circunstancias o problemáticas que tenemos y tienes en la vida, serán aprendidas a través del ensayo y el error y ¡está bien! Equivocarnos está bien, volver a empezar también y la vida es sabia, nos mandará otra vez la posibilidad de aprender la lección cuando no lo hayamos hecho.

La última condición es que, *eres imperfecta*. Todas somos perfectamente imperfectas. Esta imperfección está físicamente en la diferencia de tus ojos, en el tamaño de tus pies, en nuestra manera de ser distintas, somos imperfectas de muchas maneras, y así estamos perfectamente hechos todos los seres humanos. Así que tu imperfección es perfecta, porque no hay perfección que rompa las reglas, ¡así somos todos, perfectos como todo en la naturaleza!

Todas estas condiciones de ser única, indivisible, irrepetible, finita, falible e imperfecta, las compartimos los seres humanos y aunque así sea, no lo tenemos en cuenta; la mayoría de las veces olvidamos que compartimos estas condiciones. Es cierto que también lo compartimos con el reino animal, pero existe una gran diferencia, como humanos tenemos la capacidad de estar conscientes de estas condiciones y esa conciencia es lo que te hace distinta y sabia.

Dime, ¿Cuántas condiciones sabías pero no recordabas? ¿Cuántas no conocías? ¿Las habías pensado de esta manera? ¿Cuál te sorprendió más? ¿Cuál te hace sentir maravillada contigo misma? Todas estas condiciones nos hacen humanas, parte de este mundo, y si todos y todas estuviéramos más conscientes de ellas probablemente estuviéramos más en paz con nosotras mismas, con menos prejuicios con respecto a nuestra humanidad. ¿Te parece?

Junto con las condiciones ya vistas, los seres humanos compartimos tres atributos: primero, somos seres en el mundo; segundo, somos seres en situación; y tercero, somos seres en relación. Ser *seres en el mundo*, significa que los humanos tenemos necesidades básicas que satisfacer como alimentarnos, protegernos, reproducirnos, necesidades elementales de ir al baño, agua, seguridad y un buen ambiente para respirar.

Todos vivimos para cubrir nuestras necesidades porque son elementales para la supervivencia, pero como te imaginas, no todas las personas podemos cubrirlas de igual manera. Todas las necesitamos, en eso somos iguales, pero no todas estamos en una situación de equidad, así que haremos distintas cosas, diversas estrategias, tendremos diferentes luchas para cubrirlas. Para unas será más fácil que para otras. ¿Tú estás luchando por cubrir estas necesidades básicas? ¿Te das cuenta de la situación de otras mujeres cubriendo estas necesidades? ¿Cómo te sientes al respecto? ¿Agradecida, preocupada, consternada, complacida?

¿Sabías que somos uno de los mamíferos más dependientes que existen en el mundo? Somos *seres en relación*. Fuimos concebidos a través de una relación, y crecimos en una relación con nuestra madre. La mayoría de los animales mamíferos nacen y pueden pasar unas horas, incluso minutos, para levantarse en sus patas y desplazarse. Hay otros que tardan unos días, pero nosotros somos especiales. Prácticamente somos dependientes de mamá y de papá. Necesitamos que nos den de comer,  que nos limpien, que nos cuiden de día y de noche, porque independientemente de que fuimos bebés hermosas, ¡somos unos inútiles al nacer!

Cuando nacemos somos dependientes, por eso necesitamos tener una relación con el otro, es decir, somos en relación con la otra persona. Nos nombra la otra persona, nos da existencia y viceversa, vivir es una relación Yo-Tú, es decir, una relación con el otro.

Necesitamos las unas de las otras. Necesitamos reconciliarnos con nuestra madre naturaleza y también con nuestra madre que nos dio la vida, con nuestras ancestras, con las mujeres que han sobrevivido su vida y nos dieron la oportunidad de vivir la nuestra en diferentes condiciones y situaciones, con otros derechos, nuevos valores y más libertad. Todo gracias a que ellas caminaron hacia al frente, buscando vivir en mejores condiciones. Tú quizás tienes una mejor condición de vida que la que tuvo tu madre y tu madre tiene o tuvo una mejor condición que la que tuvo tu abuela, y así hacia atrás. Por eso es importante que reconozcamos que somos seres en relación y estás relacionada con la otra, con las otras, con los otros.

El tercer atributo se refiere a que somos *seres en situación*. Todas tenemos un contexto y unas condiciones específicas que están dadas, ya sea por el tiempo en que nacimos, por el lugar geográfico en que vivimos, la lengua que hablamos, la familia, la posición económica, las tradiciones que nos rodearon, la religión, el gobierno, el país de origen.

Todo lo anterior hace que las mujeres vivamos las condiciones y situaciones de manera distinta: derechos y leyes, obligaciones y libertades; maneras diferentes de ver el mundo, de comérselo, vestirlo, vivirlo, bailarlo, de hablarlo, de mirarlo distinto. Independientemente de todo lo que compartimos, tenemos condiciones y situaciones distintas que hacen que vivamos de manera diversa, con diferentes necesidades. Por ello, una ley que para ti podría ser buena, tal vez no lo sea para otras mujeres, porque muchas mujeres están en una situación o condición de vida distinta en donde las necesidades básicas no están cubiertas.

Es fundamental para nuestro desarrollo personal, *darte cuenta* y estar conscientes de estas diferencias. Si tú estás consciente de esto comprendes fácilmente la situación y condición de otras mujeres, incluso la situación y condición que vivió tu madre o que enfrenta tu hija o tu nieta actualmente. Son maneras particulares de vivir la vida porque cada quien ha tenido diferentes limitaciones y oportunidades, porque se vivieron en diferentes familias que tenían otros valores y otra visión.

Darnos cuenta para tomar consciencia

¿Qué es importante comprender para iniciar este proceso de aprendizaje al interior? ¿Qué es necesario para crecer como persona? Una de las llaves para este proceso de empoderamiento, es el desarrollo de la consciencia, es el *"darnos cuenta"*.

Tomar conciencia de quién eres, cuáles son tus creencias y tus valores, se traduce en saber qué has aprendido, qué te define, qué te gusta y disgusta de lo que te rodea. También, cuáles son tus sueños, qué ocultas, qué te gusta y disgusta de ti, te permite saber qué defiendes de lo que has vivido, de lo que has experimentado, cómo quieres reaccionar y sentir la vida. ¿Tú estás consciente de todo esto de ti?

John Steven, autor del libro *Darse Cuenta*, nos habla de tres canales con los que contamos: *darse cuenta del interior*, darse cuenta del exterior y darse cuenta de la fantasía. Estos canales se conectan de manera alterna y continua. El primer canal para darnos cuenta al interior, es percatarnos de todo lo que se mueve dentro de nosotras: músculos, tendones, intestinos, sentimientos. Estar conscientes de todo lo que pasa dentro de nosotras cuando recibimos una noticia, si nos enojamos, frustramos, cuando algo nos duele. Lo que sucede dentro de ti, ese es tu mundo interior.

El otro canal es *darnos cuenta del exterior*. Se percibe por medio de tus cinco sentidos, (vista, oído, gusto, olfato y tacto) y nos permite interpretar la realidad que está fuera de ti. Los sentidos los vivimos distinto. Cada una tiene algunos más desarrollados que otros, o te apoyas más en uno o le tienes más confianza a otro, es decir, tenemos sentidos preferidos. Por eso a veces nos gusta más oír que ver, o probar que oler, o escuchar más que tocar. Tenemos nuestro sentido predilecto. ¿Cuál es el tuyo? La idea de *darnos cuenta* es que estos cinco sentidos o canales siempre han estado ahí, y te llevan a conocer lo que está exactamente afuera de ti. Escuchar, ver, oler, palpar y saborear es la manera más real de saber qué es lo que está pasando fuera de ti, este es tu mundo exterior.

Estar conscientes de los cinco sentidos es vital para el desarrollo personal. Son los canales con los que interpretas el mundo y aunque han estado ahí contigo siempre, puedes darte una experiencia maravillosa. Como ejercicio de reflexión y sensibilización, te invito a comer una fruta que te agrade con tus cinco sentidos. Mírala bien y después cierra tus ojos. Huele, toca, escucha cada mordida mientras la saboreas lentamente en tu boca. ¡Podrá ser la fruta más rica que te hayas comido en toda tu vida!, porque si enfocas todos los sentidos, éstos se amplían, y todo, color, textura, sabor y olor se tornan especialmente intensos. ¿Deliciosa verdad? Darte cuenta de tu interior y darte cuenta de tu exterior, es decir, lo que pasa dentro de tu cuerpo y fuera de él es lo más cercano a lo que es la realidad.

El tercer canal es *darte cuenta de tu fantasía*. Se refiere a tus ideas, imaginación, memorias, todo lo que pasa por tu mente. La fantasía es la idea que tú te haces de esa realidad que experimentas; y el juicio, la respuesta. Esa fantasía en ocasiones puede alejarte de lo real, porque ese mundo imaginario puede llevarte a un recuerdo (pasado), a un asunto pendiente de realizar (futuro) o simplemente a imaginar (divagar).

En este ámbito no hay un canal bueno o malo. Son los tres canales que tenemos y son las tres maneras de percibir y reaccionar ante cualquier cosa o situación que tienes a tu alrededor. Nuestros canales para percibir la realidad, es decir, nuestros canales para *darnos cuenta* están ahí siempre.

Constantemente los usas al percibir la realidad a veces con ciertas preferencias. Así que puede ser que para ti sea más fácil percibir lo que está dentro de tu cuerpo o puede que seas experta en detallar y tomar en cuenta todo lo que está fuera o sencillamente te pierdes en tus fantasías, en tus ideas que relacionas con otras ideas del presente, del pasado, o del futuro.

Tener algún canal de preferencia no está mal ni está bien. Sólo que sería más equilibrado que vivieras atenta de lo que está ahí frente a ti interpretado con todos los posibles canales, que por supuesto amplían la interpretación de la realidad. Darte cuenta de cómo fluyes en estos canales de percepción, también te ayuda a evaluar y clarificar las maneras de comunicarte con los demás. Ya que a veces nos comunicamos por canales distintos.

Trabajar en tu nivel de consciencia, te ayuda en el manejo de las emociones. Te permite saber qué te hace feliz y qué te desagrada, qué te molesta, qué te pone tensa, con qué lo relacionas en tu fantasía y *darte cuenta* cómo y cuáles son tus reacciones. Quizás también te des cuenta que en tus fantasías el pasado y el futuro están muy presentes y eso te impide disfrutar del aquí y el ahora.

Cómo reaccionas no es casualidad. Es tu forma de ser y de

andar en la vida. Es un proceso que se ha gestado poco a poco desde que naciste y comprenderlo te permite valorar tu situación, las circunstancias, y que seas compasiva contigo. Sirve para reconocer tus aciertos, logros, fortalezas, habilidades y debilidades, y para rescatar los aprendizajes de las experiencias que has atravesado.

"Darte cuenta" es una herramienta muy importante dentro del trabajo personal porque te permite revisar tu historia, las particularidades de tu familia y entender por qué has hecho las cosas como las has hecho. Te permite entender las circunstancias que crearon tu historia, que te han formado. Te sirve para inspeccionar el pasado, el presente y también para fantasear un futuro distinto, que te haga más feliz; también te da la oportunidad de dirigir esta historia hacia un destino que tú elijas, un destino que tú escribes y en donde tú cargas la pluma sobre esa nueva hoja en blanco. Porque cada día es eso, una hoja en blanco en donde quien diseña tu vida eres tú.

Cuando nos amamos
Nos valoramos,
Cuando nos valoramos
enseñamos a la gente cómo tratarnos.
Cuando te amas
no necesitas controlar o intimidar a los demás,
y no permitirás que otros te controlen e intimiden.
Entonces, amarte a ti misma
es tan importante como amar a los otros.
Y cuando más te amas a ti misma,
más amor tienes para dar a otras personas.
El amor te mantiene salva.

Anita Moorjani

Capítulo 3

La chica del espejo

¿Dónde dejamos nuestros sueños?

¿Te has preguntado por los sueños que tenías? ¿Cuando renunciaste a ellos? ¿Quién te apartó de ellos? ¿Quién te hizo creer que no tenías capacidades o habilidades, que pusieras los pies en la tierra y que dejaras de creer en ti?

Tus sueños no han concluido. Sólo duermen, siguen vivos, quedaron en pausa, y llega un momento en nuestras vidas en que tenemos que tomar decisiones sobre nuestro futuro. Sobre si quieres continuar haciendo lo que estás haciendo aunque en el fondo esto no te haga sentir realizada, o vas a decir ¡basta! y quitarte los escombros de la piel, para dejar salir esa parte tuya que tal vez no conoces. Es decir, vas a decidir entre cubrir quién eres o descubrirte.

Para las mujeres, parece que hay un camino a seguir. Algo que debe pasar, o todos esperan que te pase. Por ejemplo: tener novio, casarse o tener hijos. Y así se podría seguir con lo que llaman un destino predestinado o camino trazado, algo que puedes mirar a tu alrededor, que sucede como patrón a seguir. ¿Te ha tocado? ¿lo has vivido? o ¿has visto a mujeres de tu familia o tus amigas seguir el patrón?

Conforme las mujeres hemos empezado a despertar de esta idea, de ya no buscar ser elegidas sino empezar a elegir, probablemente te has encontrado que hay mujeres, que no siguen esos patrones. Tal vez no se hayan desprendido de todas las creencias, pero rompen con roles esperados como el de tener novio o un matrimonio y tener hijos, porque esas ideas ya no son de su elección. Ahora hay mujeres libres de elegir tener o no tener hijos, de tener novio o novia, de casarse o no, también hay mujeres que se casan con su profesión, con su pasatiempo, con su pasión. Aunque sigan vigentes ciertos patrones, muchas mujeres hemos descubierto que hay una infinidad de posibilidades de vivir la vida que queramos, como la elijamos o con aquello que nos brinde felicidad.

Esos modelos o patrones han estado vinculados con nuestra realización personal. Con un deber ser feliz de esta manera y así se nos enseñó, así se nos dijo. Son tan poderosos que cuando rompemos con el patrón estipulado, algunas veces nos sentimos mal por dentro, cómo si falláramos en algo o que algo no está bien en nosotras. Incluso a veces otras mujeres cercanas se sienten mal por nosotras y te preguntan con tono de preocupación; ¿todavía no tienes novio? ¿todavía no te has casado? ¿no vas a tener hijos?. Es probable que algunas o muchas mujeres desean tener novio, una boda e hijos y está bien. Lo importante es tener la libertad y la consciencia de elegir lo que uno quiera, porque tu felicidad la defines tú, no un patrón social ya que tu realización personal es eso; personal y única.

Y no te sorprenda que cuando rompas reglas del patrón tengas dudas y te cuestiones mucho. ¡Los patrones son poderosos decretos! y elegir tu destino es estar desobedeciendo casi un patrón universal. ¿Y sabes qué? eso es precisamente lo que se está logrando, lo que estamos haciendo las mujeres en el mundo, ¡rompiendo ese destino! Ahora te pregunto, ¿Crees que tú podrías ser una "feliz" ovejita negra?

Estamos rompiendo patrones y nos volvemos protagonistas de nuestra historia, apropiándonos de nuestra realización personal y de lo que nos hace particularmente felices. Cuando tú empiezas a protagonizar tu vida, no es una historia conocida. Es la historia que te va gustar construir. Es la historia que tú en particular vas a crear y vivir. Y va a ser tan original como tú en ella. Porque no puedes cambiar como ha sido la historia de tu vida, pero sí puedes comenzar algo nuevo y cambiar el final.

¿Estamos de acuerdo?

Moraleja ¡Tus sueños no los dejes en manos de nadie!. Puedes ser prácticamente lo que tú decidas. Cuando nos sentimos mujeres en potencia y empoderadas para poder decidir qué es lo que vamos a hacer con nuestra vida. Nuestra vida se convierte entonces en el inicio de nuestra película, nuestra obra de arte. Sí, esa es la idea, que tú aprendas a hacer contigo una obra de arte y de tu vida también. ¿Te emociona? ¿Cómo va tu obra en tus propias palabras? Si crees que es difícil, déjame decirte que ya empezaste.

Reconciliación con tu amor propio

Todo ser humano busca su seguridad, felicidad, el amor, vivir y estar tranquilo en su interior. Uno de los primeros pasos para lograrlo es hacer las paces contigo, atender a tu niña interior y rescatar a la mujer sabia que te habita. Revisar qué es lo que puedes cambiar, soltar, mover, comprender, aprender y valorar sobre ti.

En el libro *Amar lo que es*, Byron Katie comenta tres tipos de problemas: Los propios, los ajenos y los del universo. Dice que los propios son los problemas que tú tienes que solucionar de tu vida, los personales. Los problemas ajenos son los problemas que pueden tener todas las personas que están a tu alrededor, como la familia, madre, padre, pareja, parientes, amigos, amigas. Y los terceros son los problemas del universo, aquellos problemas donde no puedes hacer nada de manera directa; como el cambio del clima, los terremotos, las guerras, las enfermedades, situaciones de otros países. etc.

Si en tu mente haces el ejercicio de retirar de tu lista de prioridades a resolver los problemas ajenos y los del universo, te quedarás solo con los tuyos. Vas a notar de manera inmediata como tus problemas son sólo "algunos" asuntos a resolver. Entonces puedes ponerlos en primera persona; "tengo problemas de comunicación con mi hija", "tengo problemas de administración de mi dinero", "tengo problemas para el manejo de mis emociones", "para perdonar", "para poner límites", etc. Cuando te haces responsable de lo que tú tienes que cambiar, de lo que tienes que resolver, vives un momento muy liberador, porque te das cuenta de cuáles son tus problemas y también te das cuenta que tú eres la responsable de la solución y que la solución eres tú y lo que haces para resolverlo.

¿Cuántas veces has tenido problemas por la desaprobación o aprobación de la pareja de alguien conocido? la pareja de tu hermano, de tu madre, padre, tu hija o hijo. Las decisiones que ellos y ellas tomaron para elegir pareja no son tus decisiones, no son tus problemas. Muchas veces este problema que se carga viene del intento de querer prevenir una situación desagradable con la persona que desaprobamos. Pero las personas tenemos diferentes procesos para aprender. A veces hay que dejar que las personas vivan sus procesos y corran con sus consecuencias para que aprendan a darse cuenta de sus propias decisiones. Menos problemas se traduce en paz, comprensión y aceptación. ¿Quién serías tú si soltaras los problemas que no son tuyos? ¿Cómo vivirías?

Soluciones hay muchas, pero todas requieren tomar una acción. Ya sea hacer o dejar de hacer algo, poner, quitar, resolver o tomar una decisión que está en tus manos. Es en este momento cuando dejas de culpar a las fuerzas externas, o a las personas que están a tu alrededor. Puedes sentir una sensación de responsabilidad grande porque el problema queda en tus manos, junto con una sensación muy fuerte de poder. Ésa es precisamente la llave que te libera: "el derecho de ser tú, lleva consigo la responsabilidad de ser tú". Empezar a tomar decisiones sobre tus problemas, te convierten en la creadora de las posibles soluciones; te permite saber qué es lo solucionable, qué no está en tus manos y cuáles son problemas de otras personas.

Para transformarte en una creadora de tu destino, es necesario revisar lo que has hecho. Reconocer cuáles han sido los patrones aprendidos, conocer y descubrir qué inercias y qué hábitos te llevaron a donde te encuentras ahora. No desde una visión que juzga y culpabiliza, sino desde la comprensión de tu historia. Entiendes cómo has generalizado estos patrones en situaciones de tu vida, con tus amistades, parejas e incluso a veces, en la relación con los hijos. Encontrar la clave de lo que has estado haciendo, te permite identificar el movimiento de cambio necesario y los cambios siempre transforman.

Por ejemplo, cuando revisas qué tipo de relaciones has mantenido, el tipo de hombres que has escogido como pareja, o amistades, tal vez encuentres entre ellas coincidencias. ¡Esto puede ser una revelación para ti! Porque este común denominador, esta repetición en tu vida te está hablando y te está diciendo que tienes que darte cuenta, que tienes que hacer algo al respecto, que tienes algo que cambiar.

Transformar hacia afuera, es una transformación hacia adentro. De igual manera una transformación interna se refleja en el exterior de tu vida diaria. Lo que piensas en tu diálogo interno construye tus afirmaciones y estas se reflejan en tus maneras de actuar. Cuando tus ideas y pensamientos son negativos y te hacen sentir mal, eso es lo que proyectas fuera. Darte cuenta te permite elegir y tomar decisiones diferentes. Hacer cambios en tu actuar, cambia la respuesta de las personas, porque ante tu nueva acción va a haber una nueva reacción. Sentirás el poder que te da el saber elegir mejores relaciones en tu vida, para tu bien y para el de otros.

¿La clave de todo? Amarte. Cuando tú te amas a partir de conocerte, descubrirte y accionar los cambios, entenderás cómo es imposible estar enamorada de alguien que a ti no te ame. Esto se traduce en no involucrarte en relaciones violentas o tóxicas si así ha pasado. Ya que sabiéndote tú una persona amable y querible, querrás elegir a una persona que pueda ver y sentir esto de ti, este amor que tienes por ti, este amor rescatado, amor por tu vida y por la vida.

El amor que tú elijas ya no será un amor que te complemente, porque tú ya estás completa. Ahora compartirás tu amor con alguien, lo cual es muy distinto. Te reconocerás como una persona amorosa con cualidades que compartir, habilidades y emociones elegidas, con sueños y proyectos de vida y te aseguro que no será con alguien que no te quiera, porque una vez queriéndote no tiene sentido. La idea es llegar a amarte hasta que no quieras estar con alguien que no te ame. ¡Sí, el amor propio sana!

Eres vida que atraviesa tu cuerpo,
que atraviesa tu mente,
que atraviesa tu alma.
Y una vez que descubres esto,
no con la lógica, no con el intelecto,
sino porque lo sientes,
descubres que eres la fuerza
que hace que se abran y cierren las flores,
que hace que el colibrí vuele de una flor a
otra,
que estás en cada árbol,
en cada animal,
en cada vegetal y en cada roca.
Eres una fuerza que mueve el viento
y que respira a través de tu cuerpo.
Todo el universo es un ser viviente,
movido por esa fuerza,
y eso es lo que tú eres.
Eres vida.

Miguel Ruiz

Capítulo 4

Hacer las paces con tu cuerpo es
reconocer sus maravillas

Creada con la posibilidad de crear

Desde que eras niña, empezaste a darte cuenta que las mujeres tenían hijos. Aunque no sabías cómo era el proceso, se va construyendo en tu mente esta idea de que tu cuerpo puede crear vida. Lo cierto es que, aunque tengamos esta idea bien clara desde siempre, no lo hemos valorado y se vuelve en nuestra vida un evento cotidiano y obvio. Sin embargo, la maternidad es muchísimo más que eso.

La maternidad está vinculada a un evento que nos complementa, y que es también natural en las mujeres desde que existimos en la tierra. Aunque es tan natural como orinar y respirar, está lleno de tabúes y de misterios. Envuelto en tanto misterio, que hemos llegado casi al ridículo. Para ilustrarlo les voy a contar una historia que nos muestra actuando y simulando, de tal manera que no vemos la realidad aunque la tengamos enfrente. Me refiero a la menstruación.

Cuando era chica las toallas sanitarias eran tan grandes que les llamábamos caballos. Una toalla medía aproximadamente 32 cms. completa, porque aparte de la almohadilla, tenía una extensión de al menos 7 cms. hacia adelante y otros 7 cms. hacia atrás, con la intención de que no se movieran. Así que las toallas sanitarias iban del ombligo hasta el coxis. ¿Lo recuerdas? Si no, imagínate así de largas. Lo bueno es que no eran tan populares las *panties* de hilo, aunque sí los pantalones abajo del ombligo. La verdad, yo creo que se cuidaba uno de ponerse esos calzones o pantalones, porque en cualquier agachón se te podría salir una parte de la toalla y eso no iba a tomarse en broma, ya que estar en tu período era un asunto misterioso que tenía que permanecer casi oculto.

En aquel entonces, en los años 70´s, no había muchas opciones de marca de toallas. Todas conocíamos una marca muy popular en México y así les llamábamos. Todos sabíamos que venían en una caja grande y rectangular que envolvían siempre en papel periódico, en un intento de esconder lo que había en ella. Claro que todos sabían que si andabas cargando una caja envuelta con papel periódico de la tiendita, era porque traías toallas sanitarias. ¡Y todos disimulaban! Recuerdo que les pedía a mis hermanos menores ir a comprar toallas y ellos no sabían qué iban a comprar. Llegaban con la caja sin saber qué era "eso" tan misterioso envuelto, pero nadie les decía. ¿Alguien se acuerda?. El de la tiendita las envolvía a escondidas, ¡cuidando la integridad y santidad de la cliente! y todas las personas que te miraban en la calle con esa caja envuelta en papel periódico, hacían como si no supieran qué es lo que había dentro de esa caja. ¡Así de ridículo!

Porque resulta que desde los inicios de la humanidad siempre y por siempre, las mujeres del mundo entero seguiremos teniendo nuestra menstruación. Y seguiremos ovulando porque es parte de nuestra naturaleza, como orinar y respirar. Es una función de nuestro cuerpo y quiero decirte que, aunque resulta absurdo este misterio, todavía se habla en voz baja sobre este asunto de la menstruación, de nuestro período.

Todavía hay países en donde apenas se empiezan a conocer y distribuir las toallas sanitarias. Otros, en donde las mujeres tienen que salirse de las aldeas y esconderse en cuevas para pasar por este período ("de impureza", nos dicen), por este período ("vergonzoso", nos quieren hacer creer), que es tener nuestra menstruación. Siendo éste un proceso, que nos conecta con la posibilidad de crear y de experimentar dar vida.

La menstruación es lo que resulta cuando un óvulo no es fecundado y la matriz, que ya se había preparado para recibir un óvulo fecundado, desecha lo que no utilizó. Este ciclo se repite casi para todas las mujeres mes con mes. Y significa que la menstruación es una nueva oportunidad cada mes para que tu cuerpo lleve a cabo el milagro de la vida. Así de mágico, cíclico, exacto y eficiente es nuestro cuerpo.

¿Y por qué se creyó que la menstruación es vergonzosa o algo que tiene que esconderse? La respuesta no la sé, pero lo cierto es que detrás de ella hay una verdad. Cada vez que menstruas, es una evidencia de que no estás embarazada. Y como existe una creencia generalizada de que ésta es la función principal de las mujeres, la de ser reproductoras de seres humanos. Así que cuando no engendras, puede considerarse que no estás cumpliendo lo que esta creencia dice; y pudiera ser una de las tantas razones por la que se percibe el período como algo negativo.

Hay culturas, pueblos, en donde a las mujeres que no tienen hijos, porque no pueden, se les considera anómalas, mujeres que no sirven. ¡Y esto, claro que no es cierto! pero así se cree y a muchas mujeres las hacen sufrir por ello. Quizás por esta razón se critica a las mujeres cuando deciden no tener hijos, porque tenemos esta creencia tan interiorizada, introyectada y no nos hemos dado cuenta que actuamos basada en ella.

Este es nuestro cuerpo. Ahora, te invito a reflexionar: ¿tú sientes vergüenza, te sientes sucia, o lamentas tu período? Si te sientes así, pudiera ser que este descontento e inconformidad, esta visión que tienes de tu menstruación, esté relacionada con ideas que no son ciertas, que le quitan la belleza a tu cuerpo y a sus procesos. ¿Quién serías tú sin estos pensamientos? Todas las mujeres desde el inicio de la humanidad hemos menstruado y lo seguiremos haciendo. Hacer las paces con tu período, con tus procesos, te lleva a apreciar la maravilla de la posibilidad de un milagro que tienes el derecho a elegir. Porque la posibilidad está, pero no eres solamente un cuerpo reproductor. Eres, como ya lo sabes, cuerpo, emociones, mente y espíritu, que en su conjunto te crean a ti, siendo tú mucho más que la suma de tus partes.

Por otro lado, el embarazo es la mágica capacidad de crear a otro ser humano. Es tu cuerpo tan increíble y sabio que podemos y tenemos la capacidad de crear vida. Pero lo hemos visto como algo común, que se ha descalificado y se considera algo simple, inclusive hemos creído que la maternidad es un instinto, un deber, nuestra responsabilidad y parte de lo que debemos o tenemos que hacer.

Saberte dispuesta para la maternidad es un acto de amor, una posibilidad maravillosa de tener uno de los momentos más sorprendentes que puedas vivir. Por eso, la decisión que tú tomes, es una decisión sumamente importante, porque también es cierto que cada vez que esto sucede, en cada embarazo, la vida nos enseña a tener una conexión con la creación de la vida y también con la muerte. Con cada embarazo, ponemos en riesgo nuestro cuerpo y quizás por eso sea una de las más grandes experiencias que nos conecta como mujeres y nos acerca a la vida que creamos.

¿Recuerdas que no todas las mujeres tenemos las mismas condiciones y mucho menos estamos en la misma situación? Hay mujeres que tienen muchas probabilidades de morir con un embarazo, porque no están en su mejor momento; ya sea mental, físico o emocional para concebir. Son muy diversas las circunstancias que nos rodean y eso hace vivirnos en una situación única. Existen muchas mujeres y niñas para las cuáles el embarazo es una consecuencia, un daño colateral, el producto de una transgresión a su cuerpo, resultado de un acto ajeno. Donde ella no fue consultada y se utilizó su cuerpo. Y mientras para unas, la experiencia de un embarazo podría ser una vivencia casi espiritual, para otras, se convierte en un pesar, una consecuencia, una desilusión, inclusive en la muerte.

Por ello no hay que juzgar otras decisiones, sino tratar de entender otras miradas. Aunque es la misma experiencia, todas las experiencias se viven distinto, considerando que somos *Seres en el mundo* y *Seres en situación*, con ideas, creencias, leyes, valores, mandatos, religiones, maneras, vivencias y a veces con violencias distintas. Respetándonos y comprendiendo estas distintas realidades, haremos un cambio y una conexión más amorosa de nuestro ser mujer.

Como ahora sabes, se ha vinculado nuestro cuerpo con el acto de reproducción, pero somos mucho más que eso. Creo que tenemos el derecho a elegir y también tenemos la obligación de estar conscientes de que parir, es decir, hacer nacer a otro ser humano, requiere mucho más que solamente hacerlo. Es una responsabilidad de vida, es una responsabilidad como madre, como educadora y como reproductora de valores.

Cuando las mujeres no están listas para ser madres y son obligadas a serlo, no podemos esperar de ellas su mejor versión. Se vuelven madres a fuerzas, madres obligadas, madres desesperadas, desamparadas, pobres, cargando obligaciones, cargando hijos que no se quieren. Esto podría tener muchas consecuencias para muchas mujeres y hombres, para muchos niños y niñas, que son criados en el desamor, abandonados por ambos; padre y madre. Niños y niñas que son golpeados y violentados, que están desnutridos y sin oportunidades. Estos niños y niñas lastimados, desorientados y violentados, serán adultos que se habrán insensibilizado para sobrevivir. Estarán necesitados y heridos y posiblemente, como personas heridas, tal vez hieran, repitiendo el patrón de violencia y con ello, todas sus consecuencias. Y tal vez nunca van a tener las oportunidades y calidad de vida que como seres humanos merecen.

El simple hecho de leer este libro, de alguna manera indica que tienes acceso a cierta educación, que sabes leer, que tuviste la oportunidad de ir a la escuela. Esto te sitúa a ti como parte de una minoría, ya que sólo la cuarta parte de la población mundial tiene acceso a estos recursos. ¿Te imaginas en qué desigualdad vivimos las mujeres? Por eso es importante rescatar la empatía y que comprendas que tu situación no es la situación de todas las mujeres y que tu condición no es la condición de todas las mujeres.

Las mujeres tenemos diferentes libertades y derechos, ya que nacimos en diversas geografías y naciones, con distintas leyes y gobiernos. Si bien todas somos únicas, a muchas no se les permite ni siquiera mencionarlo, ni mostrar el rostro, ni ir a la escuela, no se les permite manejar ni elegir a una pareja. Otras más son casadas siendo niñas.

Muchas mujeres son vendidas, regaladas, violadas y sin derecho a juntarse con otras mujeres. Otras no pueden participar en asuntos políticos, económicos o sociales. Hemos sido carne de cañón en tanta guerra. No, no estamos en igualdad de condiciones, pero sí, sí somos únicas y sí, sí es importante que lo sepas, porque comprender tu historia, te permite comprender la historia de otras mujeres que solo quieren ser libres para ser ellas, así como tú.

La maternidad es una capacidad en las mujeres, una posibilidad y una decisión. Una decisión que es prudente tomar de acuerdo a tu edad y a tus recursos. Una decisión en la que se necesita por el bien de todos, de una relación de calidad con tu pareja que resulte de conocerla y elegirla. Esta decisión tan importante, tiene relación con el espacio con el que cuentas, con tus sueños y con tu proyecto de vida. No es un acto automático, no es un destino, es una posibilidad.

No todas las mujeres tenemos los mismos proyectos de vida. No todas tenemos la misma tolerancia, el carácter, las habilidades y los quereres para crear, educar y guiar a otro ser humano. Porque un bebé es una tarea de muchos años, es una personita que va a necesitar muchísimo de ti. ¿Te acuerdas de nuestra dependencia al nacer? Por eso es importante tener conciencia para decidir si estás preparada, si estás en la mejor condición para traer a la vida a un ser que sea mejor que tú, que tenga la posibilidad de una mejor vida, que le puedas ofrecer una mejor educación. ¿Has disfrutado tu maternidad? Si es así, hay que agradecer, porque ahora sabes que depende de muchas circunstancias el cómo hayas vivido tu maternidad.

Vinculado a ser madres, aquí está otra idea absurda que nos desconecta con las maravillas de nuestro cuerpo. Se trata de nuestros senos. Los senos, es la parte de nuestro cuerpo que alimenta y nutre como sucede en todos los mamíferos que existen en la tierra cuando se han reproducido. Nosotras como mamíferos, alimentamos a través de los senos y nuestra evolución humana, social y sexual erotizó también esta parte de nuestro cuerpo. Así tienen los senos de las mujeres dos cualidades; una nutricia relacionada a la maternidad y otra sensual relacionada a la sexualidad. Y dentro de este contexto, está más naturalizado y aceptado, incluso entre nosotras, ver a una mujer con un amplio escote, que una mujer amamantando a su bebé. Considerando esto último, en muchas ocasiones, como repugnante o inmoral tanto por hombres como por mujeres.

Esta es una manera en la que a veces nosotras participamos socialmente en contra de nosotras mismas. ¿Cómo? ¡criticándonos! Muchas creencias absurdas nos gobiernan sin saberlo, porque nos da ternura ver cachorros siendo amamantados y nadie piensa en taparlos. No reaccionamos con asco, y casi siempre respondemos ante estas imágenes con un sentimiento de ternura.

Nuestros pechos, como mamíferos que somos, tienen una función natural, hermosa y nutricia que compartimos con el reino animal y no podemos invalidar o desconocer la función principal que tienen en la maternidad. Considerar lo natural como repugnante, como algo que se esconde, y que tiene que ver con una moral, nos aparta de nosotras mismas y de nuestros procesos naturales. Qué amamantar se considere repugnante e inmoral, es otra creencia absurda a romper.

Por cierto, es amamantando qué crearás el vínculo más profundo y significativo con tu bebé. Ya que es el lazo de comunicación con el que sigue escuchando el sonido más amado y el que le da más confianza, tu latido. Amamantar es dar a tu bebé tu herencia convertida en defensas para su salud. Es brindar el amor a través del primer alimento perfectamente tibio y dulce. Amamantar es simplemente natural, nutricio y bello.

La desconocida y liberadora capacidad de placer.

Todas, de alguna manera, sabemos de la capacidad de dar vida. Aunque nunca lo hayas vivido, siempre está presente en nuestro alrededor. Pero ¿qué tanto sabes de nuestra oculta "gran capacidad de placer"?, ¿Crees que exagero? ¡tal vez te sorprendas un poco! Ha sido como un secreto a voces. A pesar de todos los años de estudios, de todos los avances médicos, descubrimientos de lejanos planetas y los avances en la ciencia de la tecnología, lo referente al cuerpo de la mujer (específicamente el clítoris) se dejó de estudiar por cientos de años, y se excluyó del campo de la medicina.

En el mundo occidental la fecha de su descubrimiento se ubica en 1559. Sin embargo, fue hasta 1950 que se revalora su única utilidad, ¡darnos placer! Considerado algo sin relevancia, se dejó de estudiar y con ello también sus cualidades, ya que era solamente para sentir placer sexual y estaba desconectado de la función reproductiva. Ahora se sabe que el clítoris es el órgano responsable de algo que nos pertenece; *el orgasmo femenino.*

Este tema lo quiero abordar de una manera educativa y con algunos datos, porque para mí fue sorprendente darme cuenta, a mis 50 años, de que no sabía prácticamente nada de mi clítoris. ¡Yo, que soy tan preguntona!. El clítoris, que siempre nos han enseñado, es una bolita arriba de nuestros labios mayores, un pequeño botoncito dentro de la foto o imagen del aparato reproductor o genital, resulta ser un órgano completo y complejo, que se prolonga varios centímetros en el interior de nuestro cuerpo y ese "botoncito" es una maravilla, conectada a una red con miles de terminaciones nerviosas, que lo sitúa como el centro del placer sexual femenino. ¡Oh, sorpresa!

Esta historia de discriminación al conocimiento de la principal fuente de placer femenino ha tenido muchas consecuencias para nosotras. Nos ha llenado de mitos, mentiras, frustraciones, creencias, rituales absurdos y lastimosos, dudas y un sin fin de conceptos equivocados y confusos, que mantienen un desconocimiento general de nuestro propio cuerpo. Hoy se sabe que el orgasmo está vinculado con el clítoris y toda su red de terminaciones nerviosas y lo que varía son las formas de cómo obtenerlo y las formas de obtenerlo, hace variar las formas de sentirlo. Así los orgasmos se vuelven tan diversos como nosotras mismas.Y lo cierto también, que fingir un orgasmo ¡no es tener uno! (lo siento).

Uno de los grandes mitos, que nos pueden hacer sentir que algo no está bien con nosotras, es que tendríamos que tener un orgasmo con la penetración. Puede pasar, pero la mayoría de las veces no pasa. Y el otro mito es que sea al mismo tiempo que tu pareja, (¡como en las películas!) y esto casi nunca pasa, y si pasa, ¡está bien!. Lo que es un mito, es que así "debería" de pasar, y eso es, lo que no es cierto.

Por estas ideas es que muchas mujeres fingen orgasmos y por diversas razones como el pudor, no hablar de sexo, desconocerse, por no sentirse frígida, o ser juzgada y querer ser una buena amante. También por creer que solamente es importante el placer del otro y que fingir un orgasmo es para: (puedes aquí escribir tu creencia). Tal vez te sorprendas con alguna razón muy tuya, o con una pregunta que no te habías hecho si te has sorprendido alguna vez fingiendo un orgasmo. (¡ups! dicen las estadísticas que muchas lo hemos hecho al menos alguna vez en la vida)

La penetración es parte del proceso de excitación, pero no es la mejor forma de lograr un orgasmo. Solo el 49% de las mujeres lo consiguen así. La mayoría de las mujeres requieren del juego previo y múltiples estimulaciones. Cuando la penetración es acompañada con la estimulación del clítoris, el porcentaje de posibilidades de tener un orgasmo es del 73 %. Así que, ¡a practicar se ha dicho!

Alexandra Hubin y Caroline Michel, en su libro *Entre mis labios, mi clítoris: confidencias de un órgano misterioso*, nos hacen saber sobre un informe de educación sexual del 2016 en Francia de estudiantes de secundaria, en donde el 84% de las niñas de 13 años no saben representar su sexo, y el 25% de las chicas de 15 años desconoce la existencia de su clítoris. Es increíble que en pleno siglo XXI haya tanto desconocimiento, ¿verdad?. Gracias a la investigadora Odile Fillod se obtiene la primera reconstrucción del clítoris en 3D ¡apenas en el 2015! para enseñarlo en sus clases y que fuera visto. Es entonces cuando lo veo por primera vez en mi vida, cuando el "botoncito" me muestra su cuerpo completo y me doy cuenta de que ¡nunca lo había visto! ¿Tú ya lo viste? ¿Te habías preguntado por qué no tenías esa información? Si no lo has visto, te invito a descubrirlo, investigarlo, es parte de tu cuerpo y de tu naturaleza.

Mi pregunta fue, ¿por qué no estaba en ninguno de los libros que había revisado de sexualidad?. Esto a mí me sorprendió mucho. Me di cuenta que esta información había permanecido casi oculta y sacada incluso de los libros de medicina. Me di cuenta que para la ciencia no resultó relevante seguir compartiendo y explorando algo que solamente tenía que ver con el placer de las mujeres y que se nos educó e informó solamente acerca de nuestro aparato reproductor y esto también incompletamente y no a todas. ¿Sorprendente, no crees?

Así que generaciones y generaciones de mujeres, como nuestras abuelas, madres, tías y probablemente también nuevas generaciones, andamos descubriendo nuestro cuerpo como a un desconocido en un viaje de exploración. Aclaro, esto no quiere decir que las mujeres no se masturban, aunque muchas no lo hagan todavía, ¿o no lo dicen? es sólo que no teníamos esta información. Tener el conocimiento de tu cuerpo en tus manos, (literal) te permite darte cuenta de tu capacidad de sentir, de explorar el placer, conocer las distintas sensaciones que te puede brindar un orgasmo. Descubrir tu sensualidad y sexualidad es conocer cómo es que tú funcionas, qué es a lo que tú reaccionas, qué te excita y qué es lo que a ti más te gusta.

¿Por qué no lo sabíamos, si se trata de nuestro propio cuerpo? **¡Porque no nos hemos apropiado de él!**. Porque hemos creído la absurda idea de que nosotras portamos nuestro cuerpo, ¡pero no podemos mencionar todas sus partes! Porque nos hemos creído la idea de que nosotras somos nuestro cuerpo ¡pero no podemos tocar todas sus partes! Porque nos hemos creído que los cuerpos deberían ser iguales y nos hemos creído también que debemos de ocultar nuestra naturaleza. ¿Te das cuenta de la falta de sentido común de estas ideas? ¿De lo absurdo que suena que **tu cuerpo eres tú**, pero no puedes tocarlo, investigarlo, verlo, conocerlo o disfrutarlo en todos sus sentidos?

Hemos creído tanto en la idea de que nuestro cuerpo no nos pertenece del todo, que cuando alguien menciona la idea de apropiarnos o decidir sobre nuestro cuerpo libremente, sin darnos cuenta, invalidamos estas ideas porque están en contra del patrón de creencias enseñado. ¿Recuerdas? las creencias las seguimos y nos vivimos en ellas sin a veces saberlo. Lo curioso es que esta realidad absoluta de que eres tu cuerpo y te perteneces, aunque está enfrente de tus ojos no la ves, porque está cubierta con una creencia.

Por cierto, ¿cómo brindarte placer sin sentir culpa, vergüenza, miedo, o mantenerlo en secreto como si fuera algo malo? ¡Aceptando que tu cuerpo es tuyo! así de sencillo, de cierto, así de contundente. **¡Tu cuerpo es tuyo!** Y aunque es uno de los paradigmas más grandes a romper dentro de nuestros propios prejuicios, te aseguro que te empodera conocer tu cuerpo, saberte dueña de tu placer, sensualidad y sexualidad. Tener el derecho de explorarte y el derecho de tener información sobre tu cuerpo, es romper un paradigma de creencias que no son ciertas.

Así es, nos lo hemos creído, y hemos desnaturalizado lo natural. Ahora ya lo sabes. Informándote y comprendiendo que podemos cambiar nuestras creencias falsas, por unas más verdaderas y ciertas para nosotras, nos permite liberarnos de las creencias que nos han mantenido en una jaula. Nuestro cuerpo es nuestra soberanía, nuestro territorio y nuestro templo. Tu cuerpo es tu soberanía, tu territorio, tu templo.

Desarrollar tu consciencia es comprender que la historia de las mujeres, no tiene que ser la historia de una sexualidad oscura, con tantos dogmas y tabúes, acompañada de culpas y transgresiones. Tú puedes ser tu propia guía, explorar tu cuerpo, reconocerlo y apropiártelo. Empezar una nueva historia, tinta creativa sorprendente y única que te permita descubrirte y después compartir como guía o maestra de otras mujeres. Explorar tu sexualidad y los procesos naturales en tu cuerpo será uno de las más grandes retos que vas a tener, que vas a disfrutar y que tienes que conocer, ¡buen viaje!

¿Quién serías tú si...?

Cuando logramos amar nuestro cuerpo, hemos ganado una revolución interior y también una revolución social. Hemos crecido en un mundo que nos enseña a las mujeres que el valor de nosotras está ligado con nuestro cuerpo y no con sus maravillas, sino con sus formas. Vamos creciendo y nos vemos inmersas en juicios, vergüenzas, problemas de alimentación, modas incómodas y odios hacia la chica del espejo. Tenemos las creencias de un cuerpo sugerido con ciertas cualidades, vinculadas a seguir un modelo de perfección que no existe.

Cuando inicias la revolución de valorar tu cuerpo, descubres la maravillosa estructura que tiene, su perfecta manera de sanarse.

Te apropias de sus expresiones como son los sentimientos y los placeres. Comprendes que las ideas que tienes sobre tu cuerpo han sido manipuladas, han sido instauradas en tu ser, por un comercio en donde se dictan modas y estereotipos que te conducen a un descontento cotidiano con lo que posees o quién eres.

También reconoces que lo has lastimado, lo has devaluado y humillado. Reconoces que has acumulado ideas tóxicas que tenías sobre tu cuerpo que hay que ir depurando, quitando, cambiando por unas más hermosas y verdaderas. Darte cuenta te hace saber que estás lista para tener una nueva relación con él, una relación de amor y consideración en donde tu cuerpo responde, se ajusta, se acomoda y equilibra y suelta lo que no sirve. Sabrás conscientemente qué maravilloso es tu cuerpo, qué tan perfecto, qué máquina tan bien hecha, cuántos universos lo contienen y lo amarás sin duda alguna.

Entonces te apropias de algo que siempre has poseído; ¡tu cuerpo! Tu cuerpo es territorio sagrado. Es único e íntimamente tuyo. Al mirarlo con los ojos del amor propio, sucede que lo escuchas, lo alimentas, lo cuidas y aprendes su lenguaje y sus poderes para buscar su equilibrio. Valoras que caminas y respiras con tu cuerpo, que sientes a través de él, que contiene tus cinco sentidos y está relacionado con todas las cosas que haces en la tierra. Cuando te apropias de tu cuerpo, eres libre de todas las cárceles mentales en que lo tenías preso. ¡Imagínate! ¿quién serías tú sin estas creencias?

Creímos en la idea de ser elegidas, y para ser elegidas teníamos que tener un modelo a seguir; ese modelo fue sugerido por quién nos iba a elegir. Ahora está introyectado en nuestro ser. Hay que asimilar y concientizar cómo estas mentiras han estado rodeándote y cómo por ellas, te has lastimado, enjuiciado, criticado, haciéndote infeliz. Es necesario romper el pensamiento tóxico, de estereotipos, frustraciones, de dolor y tristeza para darle la bienvenida a la aceptación, la felicidad, la honra y el amor. Darle entrada al reconocimiento de los perfectos universos que tu cuerpo posee te hará caminar, reconociendo que tu cuerpo es una obra de arte y es tuya.

¿Quién serías tú si sólo piensas cosas amables sobre tu cuerpo? ¡Imaginate! Como mujer, tienes el poder de cambiar tu mundo haciendo las paces con la chica del espejo, reconociendo una imagen corporal positiva y única. ¿Quién serías tú si te relacionas contigo de una manera más amorosa? ¿Qué cambiaría en ti, si imaginas lo poderoso y sabio que es tu cuerpo?

Cuando inicias el reconocimiento de tu cuerpo, aprendes a escuchar las formas que tu cuerpo tiene para decirte de sus procesos. Identificas cuando te pide despertar, dormir o descansar. Aceptar tu cuerpo te hace cuidarlo y alimentarlo. Aceptar sus formas, curvaturas, sus texturas y colores. ¿Cómo tratarías tu cuerpo sabiendo que es poderoso y perfecto más allá de tu comprensión? ¡Imáginalo!

Sabías que tu corazón en tu cuerpo, latirá un promedio de 3 mil millones de veces durante toda tu vida. Y aproximadamente 50,000 células en tu cuerpo morirán y serán reemplazadas con células nuevas en unos minutos. Haces un nuevo esqueleto cada tres meses y una nueva capa de piel cada mes. Unos minutos es el tiempo que tardan tus riñones en filtrar toda la sangre del cuerpo.

Las maravillas continúan, Tus ojos pueden distinguir hasta un millón de colores diferentes y obtener más información que el telescopio más grande conocido por la humanidad. La memoria de tu cerebro tiene una capacidad potencial para almacenar 2.5 millones de gigabytes de información. Esto quiere decir que ahí podría guardarse un video con una duración de 300 años. En un día respirarás aproximadamente 23,000 veces, sin que te des cuenta la mayoría de las veces y tus huesos son igual de fuertes que el granito. Y qué

decir de tus huesos, una maravillosa coordinación mecánicas de movimientos.

Tu cuerpo merece tu atención. Puede ser uno de tus mejores aliados cuando seleccionas tus hábitos, pensamientos y palabras para infundir salud, vitalidad y bondad en cada célula. Es importante estar consciente de que tu cuerpo, el cuerpo de cada una de nosotras es una maravilla por si sola y contiene la maravilla del universo mismo. Te pregunto de nuevo: ¿Quién serías tú si te prometieras que sólo pensarías y dirías cosas amables a tu cuerpo? ¿Cómo tratarías tu cuerpo? ¿Cómo lo alimentarías? ¿Lo escucharías cuando te dice que lo atiendas?

La revolución más poderosa que vamos a llevar a cabo, es reconstruir el amor propio, recuperar nuestro cuerpo cómo el territorio de nuestra existencia y aceptarlo a partir del reconocimiento de las diferencias, la unicidad y sus maravillas y este camino requiere de tu responsabilidad, tu compasión y tu perdón.

Tras cada sentimiento incómodo
se esconde un pensamiento
que no es verdadero para ti.

Byron Katie

Capítulo 5

Liberar emociones para andar ligera

Sentir la vida es fluir con tus emociones

En la escuela nos enseñan muchos aprendizajes valiosos para el trabajo, casi todos con referencia al desarrollo de habilidades cognitivas o laborales. Pocos son los aprendizajes que nos enseñan a las personas, algo que nos ayude a saber quienes somos, cómo estar en armonía con nuestros sentimientos. Es decir, pocas veces se nos enseñan habilidades para la vida o habilidades emocionales.

Las habilidades emocionales es nuestra inteligencia emocional (IE) y se refiere a la capacidad de: reconocer, entender y manejar nuestras propias emociones y reconocer, entender e influir en las emociones de los demás. En esta dimensión emocional tenemos creencias que nos confunden y un desconocimiento sobre cómo las emociones pueden gobernar nuestros sentimientos y con ello nuestro comportamiento.

Una de las creencias que tenemos con respecto a los sentimientos es que los definimos como "buenos" y "malos". Esta creencia hace que confundas, escondas o no reconozcas tus sentimientos y en ocasiones hasta los sentimientos de los demás. Confundimos el que los sentimientos pudieran ser positivos o negativos cuando los expresamos o inclusive, hablando de las consecuencias de tenerlos en nuestro cuerpo. Pero los sentimientos no son buenos o malos en sí, los sentimientos son parte de nuestra dimensión humana.

Hemos creído que hay sentimientos buenos (euforia, admiración, afecto, optimismo, gratitud, satisfacción, amor, agrado, etc.) y sentimientos malos (enfado, odio, tristeza, indignación, envidia, venganza, por mencionar algunos) nos esforzamos por vivir sólo algunos, porque no queremos ser consideradas unas personas con malos sentimientos. Lo que hacemos con ellos es esconderlos, incluso de nosotras mismas. Así que, solemos compartir los sentimientos que hemos catalogado como buenos, y pocas veces manifestamos o compartimos los "otros" sentimientos para no ser juzgadas y también porque esta misma creencia hace que la gente no sepa qué hacer ante alguien que los manifiesta. Por ejemplo: hay mucha gente a la que no le gusta ir a los velorios, porque no sabe qué hacer con la tristeza y mucho menos que hacer con la tristeza de los demás, no sabe cómo actuar, qué decir, y que sería lo correcto.

Y sucede que cuando alguien nos habla de un sentimiento que nos incomoda, porque no sabemos qué hacer con él, o porque lo consideramos "malo", tratamos de cambiarlo por uno "bueno" diciendo cosas como: "No te sientas mal". "Está muy bonito el día". "Yo te quiero mucho". "Mañana será otro día". "Deberías de estar agradecida". "Te ves muy fea llorando". "No es bueno sentir eso". "No lo tomes a pecho". "Toma las palabras de quien vienen", etc. Hacemos cualquier cosa por cambiarlos. Esa respuesta probablemente te haga sentir muy frustrada, porque hace sentir que está mal lo que estás sintiendo o que no te entendieron y ¡no es así! Tampoco es porque las personas tengan malas intenciones. Es sólo que no sabemos qué hacer con "ese" sentimiento y queremos cambiarlo por otro que consideramos "mejor". Además, ¿quién quiere ver sufrir a alguien que amamos?

Esta falta de expresión de nuestros sentimientos, nos hace deshonestas con nosotras mismas, por lo que acabamos ocultando tan bien lo que sentimos que que terminamos engañándonos. Nos empezamos a mentir sobre nuestros propios sentimientos. Pero los sentimientos no desaparecen, solo están escondidos y reprimidos. No reconocerlos puede afectar nuestro físico con enfermedades (dolores de cabeza, gastritis, dolor en el pecho, incluso taquicardias) y mentalmente a través de sentirnos confundidas, reprimidas y frustradas.

Tienes todo el derecho de vivir las emociones que tu cuerpo tiene la capacidad de sentir. Más es cierto también, que este derecho no valida que lastimes a otras personas por no saber manejar lo que tú sientes, por no saber manejar tus emociones. Por ello, otro de los pasos al encuentro de nuestro empoderamiento interior es ser capaces de compartir y expresar de manera honesta nuestros sentimientos.

Para expresar los sentimientos es necesario identificarlos, saber nombrarlos y una vez nombrados, es entonces que podemos decidir qué vamos a hacer con ellos. Estar en manos de un sentimiento y no saber controlarlo, eso si puede ser negativo. Tener nuestro sentimiento en las manos, reconocerlo y vivirlo, nos lleva a tomar la decisión de qué hacer al respecto, y esta sencilla situación cambia todo el panorama.

Toda habilidad es práctica, y siempre podemos aprender cosas nuevas. Con estos cinco sencillos pasos vamos a iniciar el reconocimiento de lo que sentimos: 1. Las emociones se sienten en el cuerpo y de éstas va a surgir un sentimiento. 2. Busca el nombre adecuado de tu sentimiento que te ayude a reconocerlo. 3. Ahora que has identificado tu sentimiento, pregúntate qué te hizo sentir así. Trata de validar ese sentimiento. 4. ¿Qué vas a hacer con tu sentimiento? 5. ¿Qué es lo que puedes cambiar para dejar de sentirte así?

Es importante que reconozcas tus sentimientos, puesto que son tuyos y es válido para ti sentirlos. Lo que hagas para procesarlos es tu responsabilidad. Existen muchas situaciones en la vida, en las que preferimos ahogar, esconder y desaparecer ciertos sentimientos. Pero es como no hacerte caso o ignorarte.
Los sentimientos una vez reconocidos, te permiten descubrir cómo te sientes en ciertas circunstancias y muchas veces te impulsa a actuar, pedir ayuda, moverte a hacer algo o cambiar lo que haya que cambiar por el simple hecho de que ya no

quieres sentirte así.

Cuando aprendes a identificar tus sentimientos, será más fácil comprender y validar los sentimientos de los demás. A ésto se le llama empatía. Empatía es la capacidad de percibir, compartir y/o inferir los sentimientos y emociones de los demás, basado en el reconocimiento del otro como un individuo similar a ti. ¿Y cómo se hace? pensando en cómo te sentirías ante esa situación o en sus condiciones. Por ejemplo, estas serían unas respuestas donde se recibe el sentimiento y se muestra empatía: Alguien dice: -Me siento triste porque... "Si yo estuviera en tu lugar, también estaría muy triste". -Siento que mi esfuerzo no es reconocido porque... "Por lo que me cuentas, has de estar muy frustrada". -Estoy enojada porque... "Yo también me sentiría enojada". -Estoy molesta porque mi amiga me ignora."A mi también me molesta que me ignoren". Me siento..."Yo también me sentiría igual en tu lugar".

Cuando alguien nos acepta el sentimiento expresado y no lo juzga, no trata de cambiarlo y sólo muestra comprensión, por lo general nos hace sentir aceptadas y comprendidas. Entonces después de la aceptación, son bienvenidos los consejos, la toma de decisiones o simplemente relajarse. Es más fácil soltar un sentimiento una vez compartido.

Validar los sentimientos de los demás hará maravillas. Son pocas las personas que no intentan cambiar los sentimientos, por la creencia que te mencioné anteriormente. Ahora que has comprendido, estarás más atenta y podrás validar y empatizar con los sentimientos de los demás. Te sorprenderás de las reacciones que las personas tienen cuando alguien los recibe empáticamente con sus sentimientos, independientemente de cuales sean. Ahora a practicar, hasta que se forme un hábito hermoso de respetar tus sentimientos y los ajenos.

Por otro lado, hablando de sentimientos, de nombrarlos y reconocerlos, será bueno recordar el tema de los tres tipos de problemas mencionados por Katie Byron: los tuyos, los ajenos y los del universo. Estos sentimientos que reconoces y nombras, ¿están relacionados a un problema tuyo, ajeno o del universo? ¿Estás reaccionando a algo que no puedes cambiar? Katie Byron nos recomienda considerar que hay cosas que solamente hay que aceptar, porque así son y no de otra manera; requieren de tu respeto. Realidades que no están en tus manos. Podrás reconsiderar el hecho de que puedes enojarte todas las veces que quieras por lo mismo y todas las veces perderás ante la situación, porque así es y no de otra manera. Esto posiblemente te llevará a considerar cambiar tu reacción y emoción al respecto.

Cuando te molestas por algo que tú no puedes resolver, que no va a cambiar porque así es, solamente te desgastas. Una vez que identificas "eso" a lo que estás reaccionando, puedes decidir si lo sigues haciendo de la misma manera o simplemente aceptarlo. Y es aquí cuando es bueno meditar y decidir qué haces con este sentimiento ¿lo vas a hacer crecer? o ¿lo vas a entender para poder reaccionar de otra manera ante una realidad que no está en tus manos? Lo que sí está en tus manos es la forma en que tú reaccionas ante la realidad. Cuando meditas y controlas las formas de reaccionar, entonces es cuando aplicas tu inteligencia emocional.

En el mundo, las personas son y actúan de distintas maneras y como consecuencia de ésto, habrá muchas formas de ser y de actuar que quizás te molesten. Resulta más sencillo controlar tus emociones con respecto a esas formas de ser que pretender que las personas cambien para ti. Estos cambios de percepción y de reconocimiento de tus emociones pueden hacerte enfrentar la realidad con sentimientos que sean más beneficiosos para ti o en determinado momento actuar para cambiar la realidad de tu mundo.

Otra consideración al hablar de emociones, es cómo le damos cabida a ciertas reacciones que están vinculadas más bien a nuestra manera de procesar la información. Me refiero a cuando nos tomamos las cosas de manera personal. Cuando consideramos ciertas acciones de otras personas de manera personal,   les agregamos una historia o una intención. Una historia que por lo general es catastrófica y desagradable para tí. Un reflejo del propio pensamiento que muchas veces nos lastima. Por ejemplo, analiza este escenario: "Él *me* gritó", "ella *me* insultó". En este ejercicio te invito a quitar el "me" de la oración pensada y verás que solo queda "él gritó", "ella insultó". Si pudiera seguir siendo cierta la oración: "él grita" o "ella insulta", y siguen siendo las mismas personas, entonces el "me" de la oración sale sobrando. Es decir, te desapropias de su acción. Esta persona, es alguien que grita o insulta, no a ti en especial. Que esta persona grite o insulte no es tu problema, es **su** problema.

Lo que sí te corresponde es reflexionar y evaluar cómo te sientes a lado de una persona que grita o insulta y qué emociones te provoca. Puedes cambiar la manera en que reaccionas y tomar tus decisiones. Tal vez sea sólo cambiar de lugar, es decir alejarse cuando esto suceda y comprender que esa persona es así. O tal vez decidas, una vez entendido ésto, que no quieres estar al lado de una persona que grita o insulta. Esa decisión si te pertenece.

Muchas veces solo con cambiar la manera de percibir y dejar de tomar de manera "personal" lo que no es, cambia la forma de sentirte con respecto a los otros y contigo misma.

Cuando tus emociones empiezan a fluir y aceptas las maneras de vivir tus sentimientos y comprendes las formas de vivir las emociones de otras personas, estás más ligera. La vida se siente, y vivir la vida es fluir en tus emociones.

Sanar la relación de origen y renacer de nuevo

Tus padres te dieron la vida una vez, pero otro nacimiento te está esperando. Depende de ti. Necesitas engendrarte a ti misma.

Osho

La primera y una de las más importantes relaciones que tendrás en tu vida, será la relación con tu madre y con tu padre. Esta relación como haya sido, con esas circunstancias que hayas tenido, va a marcar de manera significativa el cómo vivas en tu vida. Por ello, sanar la relación de origen es una de las tareas de sanación al interior que te puede llevar algunos años de trabajo personal.

Este tema puede estar conectado a las expectativas, las carencias, a lo no recibido y las desilusiones en tu vida. La comprensión de esas posibles expectativas te llevarán a sanar esta relación, ya sea con tu madre o con tu padre, o ambos. Si tuviste una relación buena con ambos, eres una afortunada y hay que valorarlo, porque no es el caso de muchas mujeres.

¿Ha sido difícil para ti? ¿Todavía no sabes cómo hacerlo? ¿Hace mucho que lo hiciste? ¿Estás en ello? Es muy bueno saber que una vez sanando y haciendo las paces con esta relación, tú liberas y engrandeces tu capacidad de amar. Este proceso de sanación, te va a mostrar nuevos caminos y te dará una nueva mirada para el desarrollo de tu persona.

Las soluciones son muchas; puede ser tener más cercanía o por el contrario, retirarse de alguno de ellos o de ambos, en caso de ser necesario. Puede ser la comprensión de lo que había, el agradecimiento a lo dado y recibido. La compasión o la aceptación de que no había nada más que tomar y solo queda tomar la vida dada. No todas tuvimos las mismas situaciones

¿recuerdas? No todas tuvimos padre y madre cerca. No todas tuvimos la misma historia; y hay historias muy tristes para muchas. Hay situaciones de un amor tan escaso, en donde agradecer la vida dada es todo lo que hay que agradecer. Aún así, esa vida es tuya y es lo más valioso que pudieron darte. Es valiosa porque ese valor a la vida se lo das tú.

En este caso, sanar está relacionado con tu capacidad de amar, de relacionarte y de tomar de la vida lo mejor que te da. Muchas de tus emociones están vinculadas a este tema esencial en tu vida. Es una de las tareas que te llevará a identificar tus miedos, obstáculos mentales, fantasías catastróficas, fortalezas y habilidades, sueños no cumplidos y la reconciliación con tu niña interior.

Para armonizar tu relación con tu madre y con tu padre, primero tienes que aceptar lo que se te ha dado, cómo se te ha dado y trabajar en ello. Para este tema te voy a compartir unas palabras e ideas del cuento *¿Dónde están las monedas?* de Juan Garriga Bacardí. Garriga nos habla de la herencia que ambos, padre y madre nos entregan… "unas monedas". Pueden ser muchas o muchísimas o pocas o poquísimas, casi nada. Representan todo lo que pudieron darnos, lo bueno y lo malo. En muchas ocasiones, su violencia y frustración, todas las vivencias, los amores y desamores, la vida, el techo, la comida, educación, los valores e inclusive su ausencia. Las monedas son nuestra herencia, lo que nos tocó y pudo tocar de ellos.

Garriga nos menciona "tomar las monedas significa tomarlo todo, todo exactamente como fue, sin añadir, ni quitar nada, incluyendo lo dulce y lo cruel, lo alegre y lo triste, lo ligero y lo pesado. Todo por supuesto, el regalo más grande que es la vida, por la simple razón de que esa es nuestra herencia y el conjunto de experiencias vividas que nos constituyen". Y para tomar las monedas, este capítulo tiene una hermosa carta como ejercicio para sanar nuestra manera de armonizar las emociones con nuestro origen.

La carta se hace despacio y a conciencia, porque siempre hay expectativas que no se cumplieron y no se cumplirán. Casi siempre cuando hablamos de expectativas hablamos desde la perspectiva que tenemos como hijas con respecto a nuestro padre o madre y casi nunca pensamos en la posibilidad de que ellos también pudieron tener sus propias expectativas con respecto a ti, que no se cumplieron y no se cumplirán. Simplemente porque vas a ser tú en tu vida y no lo que ellos quieren que tú seas. Así mismo ellos fueron, lo que ellos pudieron ser en su vida y no lo que tú deseaste que fueran.

¿Recuerdas que hablamos de los tres atributos del Ser: Ser en relación, Ser en el mundo y Ser en situación? Es importante recordarlo, ya que te permitirá comprender la situación de tu padre y de tu madre y lo que esta situación les permitió. No necesariamente es algo elegido. Tuvo y tiene muchas razones de ser. Por ejemplo, sus propias familias, su cultura, sus creencias, los valores enseñados, la situación económica y familiar. Otras veces la violencia vivida o el desamor, las formas de crianza, la situación de la educación en el amor que recibieron. Todo ello va a determinar las maneras de vivir a sus hijos e hijas y determinará en muchas ocasiones el cómo fueron contigo. Las monedas ya fueron dadas. ¡Tómalas y crece con ellas!

Aquí te dejo una carta. Esta carta es para ti, para tu sanación, para que tus sentimientos ante lo no dado no te dejen atrapada en una deuda (mental) que tal vez no podrá ser pagada nunca. Todo lo que faltó te lo darás tú, porque ahora te tienes a tí.

Sé que sanarás algo de lo que tengas que sanar, en la medida en que te tomes y la tomes en serio. Hazla tan grande como sea necesario. Te recomiendo que seas clara con tus datos y escribas todos los pequeños detalles, situaciones y momentos. Escribe **todas** las cosas que surjan. No pienses en esta carta para entregarla, porque limitará tu lenguaje o no pondrás cosas que tal vez ellos no saben de ti. Esta carta es para tu sanación. Es para decirlo, escribirlo y sacarlo de ti. Busca el espacio y el tiempo, papel y lápiz, música suave y entrégate al momento. Hazla con toda la intención de sanar.

¿Lista para sacar lo que tenga que salir y sanar lo que tengas que sanar? Puedes hacer una carta especialmente para tu madre o tu padre, si así lo necesitas.

Deseo que la fuerza y la honestidad de tus emociones te acompañen para sanar toda herida de tu corazón.

Carta para mi _____ (papá o mamá)

1. ¿Qué es lo que tú no me diste?
(Escribe qué es lo que te hizo falta, qué necesitaste, qué no te dieron, qué hubieras querido, qué no se te compartió o qué se te quitó).

2. ¿Qué es lo que yo no te di?
(Escribe qué es lo que no cediste, qué no diste, a qué quitaste o qué no cumpliste).

3. ¿Qué es lo que yo te di?
(Escribe qué es lo que diste, qué ofreciste, qué aportaste y qué cumpliste).

4. ¿Qué es lo que tú sí me diste?
(Escribe qué fue lo que recibiste, qué obtuviste, qué ganaste, qué lograste con lo que no te dieron, qué no te hizo falta, qué buscaste por ti misma porque no te lo dieron).

5. ¿Con qué te quedas y cómo te sientes con ello?
(Qué reconozco, comprendo y agradezco, qué descubro de mí).

¿Por qué hay que tomar las monedas? La respuesta nos las da Juan Garrida y es muy sencilla: "Nos encadena lo que rechazamos y sólo lo que amamos nos hace libres". Nos encadena lo que rechazamos, porque eso así fue y no de otra manera, no hay forma de cambiarlo. Puedes reaccionar negativamente todas las veces que quieras, todo el tiempo y el pasado no va a cambiar. Lo que sí puedes cambiar es tu mirada, la forma de verlo y de asimilarlo. Eso sí está en tus manos.

Por otro lado, el hecho de aceptar estas monedas, no necesariamente quiere decir que tú no puedas cambiarlas. Una vez que hayas reconocido lo dado, puedes soltar unas y poner otras más valiosas. Puedes quedarte con las que te gustan y quieres. Sanar tu origen, reconciliarte con tu madre y tu padre, te reconcilia contigo, con la parte de tu madre y de tu padre que llevas en ti. Recuerda, tú también eres parte de ellos. Esto te permite la posibilidad de cambiar, madurar y armonizarte contigo y con tu ser. Así inicia parte de tu transformación.

Ahora te pregunto, ¿te gustó hacer la carta? ¿sientes que has liberado algo? Es un ejercicio fuerte, pero hermoso, ¿no crees? ¡Felicidades! Me encantará saber cómo te fue, qué liberaste, de qué te diste cuenta y qué sanaste. Si quieres puedes escribirme a: encontacto@marthaverdugo.com

Reconoce y abraza a tu niña interior

Muchas personas creen que hablar de la niña interior, es hablar sobre el amigo imaginario de la infancia. Ese amigo que nos inventamos a veces por necesidad, por no estar solas o por pura creatividad. Pero no es así, la niña interior es esa niña que fuiste y que te sigue habitando y está contigo muchas veces en tus reacciones.

Esta niña, era una niña inocente y pequeña, que tuvo experiencias que vivió como niña, para las cuales muchas veces, no estaba preparada para experimentar. No todo lo pudiste asimilar o resolver precisamente por tu inocencia, por tu edad, porque no lo entendías y no tenías las respuestas. Otras veces, esas respuestas te desconcertaban, te resultaban difíciles y en ocasiones se quedaron como preguntas sin resolver. Preguntas que muchas veces, todavía te haces. ¿Por qué me pasó esto? ¿cómo sucedió? ¿por qué no se me dio lo que necesitaba? ¿qué hago con esta experiencia? ¿ por qué mi mamá o mi papá no fueron como otros papás o mamás?

Esta niña herida, lastimada, asustada, abandonada o violentada, esta niña que fuimos nosotras en el pasado, se queda con ese recuerdo de niña. En ocasiones con la sensación de que algo no estuvo bien (pero ella no sabe por qué), con una sensación de asombro, susto o enojo que vive arrastrando.

Aunque nosotras sigamos creciendo como adultas, estas experiencias se transforman en heridas de la infancia que nos caracterizan: el rechazo, la humillación, el abandono, la injusticia o la traición. Si no reconocemos las heridas, los malos momentos, las situaciones que no comprendimos, y que nuestra niña experimentó, aunque parezca un asunto del pasado, es un asunto del pasado que no quedó resuelto. Por lo tanto será un asunto que va a estar presente en nuestra cotidianidad y afectando nuestro vivir. Es nuestra responsabilidad sanar nuestras heridas de la infancia como parte del desarrollo personal y el amor propio.

Sanar nuestra niña interior, significa conocer y empatizar desde los ojos de la niña ciertas situaciones o momentos que nos permitan entender la historia personal. Sanar es comprender que ella tuvo un contexto, una edad, un desconocimiento de la situación y tal vez inseguridad, asombro o miedo con el que vivió sus experiencias de niña. Como un rompecabezas que sólo tiene sentido cuando juntas todas sus piezas.

Cuando revisas cuál fue tu historia, tu contexto y la situación en la que estabas cuando viviste esas experiencias, te será más fácil comprender las maneras que tuviste de reaccionar. Quizás te preguntas, ¿Por qué respondiste de esa manera a esa situación? La respuesta a veces es simple pero no fácil de entender; porque eras una niña, y las niñas no necesariamente saben qué hacer en situaciones difíciles, eras pequeña. ¿Te das cuenta?

Por lo general hay culpa, a veces vergüenza, hay juicio hacia esta niña, porque ahora que somos adultas, creemos que teníamos que haber actuado distinto. Analizarlo te permite tener esa sensación de comprenderte y comprender la etapa en la que estabas, comprender que no podías haber hecho otra cosa más que lo que hiciste. No podías protegerte en ese momento, porque eras solamente una niña. Entenderlo te permite amarte y perdonarte por no hacer lo que tú, como mujer adulta supones que deberías haber hecho.

Ahora que eres adulta y en este proceso de vida maduraste, tienes mejores herramientas para enfrentar situaciones y podrás hacer las cosas de distinta manera. Ahora que eres "la" mayor hay que ir a darle a "ella", el soporte emocional que necesita de ti, y hacerle saber a tu niña que estás ahí para cuidarla y protegerla, porque ya has crecido. ¡Y eso se siente, lindo, lindo! Hacer las paces con tu niña interior requiere de ti, de tus besos y abrazos a esa niña.

Yo he tenido mis propios encuentros con mi niña interior. Todos los he disfrutado muchísimo. La última vez que pasó fue estando sola en mi cuarto hace 2 años. Decidí hacerme una autohipnosis para visitar a mi sabia interior. Seguramente he de haber tenido alguna duda existencial sobre los nuevos caminos de la vida y resultó que quien llegó fue "ella", mi niña. Y ésto fue lo que escribí sobre esa experiencia que hoy te comparto:

Ayer busqué visitar a mi sabia interior. Me fui relajando, tratando de guiarme y dejarme llevar. Al intentar visualizar un lugar en donde fuera de noche pero hubiera luna llena, lo que veían mis ojos era poco, todo seguía oscuro. Entonces entendí que así iba a estar, y que estaba oscuro. Me dio un poco de miedo no saber hacia dónde me llevaría mi imaginación.

Inmediatamente supe que donde pusiera mi mirada ahí veía, es decir, había luz si quería mirar ahí, como si mis ojos fueran la luz o unos faros. Cuando me decidí a caminar, podía ver sólo un poco hacia adelante, pero podía ver cuando daba el paso (como un carro de noche en carretera, que los focos sólo alumbran al frente y conforme vas avanzando). Comprendí que así era mi camino, que para donde caminara se haría el camino.

Entendí que así era para mi ahora, que no tengo y no hay ningún camino trazado. Por otro lado también entendí que todo es camino a trazar y que para donde caminara se haría. Lo comprendí. Entendí que así estoy viviendo en este momento, que mi camino lo haré para donde camine, y lo que tendré que preguntarme es hacia dónde quiero caminar. Así que también tenía que confiar en que el camino se me iría apareciendo conforme caminara.

Caminé y me encontré con mi Marthita de 12 años, ¿o era la de 6, o la de 9?, se me cambiaban. Cuando logré mirar que era ella, me dio muchísimo gusto verla. Estaba seria, miraba en su cara un poco de miedo, al mismo tiempo la cara levantada, como para que nadie lo supiera, pero yo lo sabía, fui a abrazarla y lloramos juntas. Lloramos juntas sabiendo que yo entendía lo que ella había pasado y también porque nos encontrábamos. Ella sabía que la reconocía, y que ella a mi. Lloramos como cómplices y al mismo tiempo como hermanas, como una madre con una hija, como dos que sabíamos que podíamos darnos el permiso de llorar todo lo que nos había dolido, los miedos, las pruebas y también las victorias.

Lloramos cálidamente, con dolor pero acompañadas. Yo quería saber quién era la de 12 años o la de 11, la de 6 o la de 9 y todas eran al mismo tiempo. Después de llorar creció, y entonces fue la de 13 años. Empezamos a recordar nuestras travesuras, lo que no hemos dicho, nuestros secretos en la memoria, y ella empezó a crecer a mi lado. Ahora tenía 16 años, y recordamos episodios de

ese momento y compartimos opiniones, a veces sintiéndonos arrepentidas, y otras compartiendo la forma en que vimos la vida en aquel entonces. Recordaba cómo miraba el suceso en ese momento, de lo atrevida que fui y de lo orgullosa que a veces me sentía. Y así "mi niña" fue creciendo y nos tomamos de la mano y nos abrazamos para ver la siguiente memoria, el siguiente episodio de nuestra vida.

A veces ella me mencionaba alguna experiencia para recordarla, otras yo le platicaba algo que habíamos vivido. Ella seguía creciendo. Le recordé de los amores y los amantes, de las tristezas y aventuras, de los abandonos y las glorias, y ella se sentía como que era yo, y yo como que era ella; y lo éramos, sólo que en diferentes edades. Hablamos de las maravillosas hijas y de las amistades. Reímos y lloramos de la alegría de encontrarnos. ¡Fue maravilloso! Había ido a visitar a mi sabia interior y mi niña venía a decirme que yo era mi sabia. Así que no hubo preguntas, sólo respuestas. Estaba feliz del encuentro.

Esta experiencia me transformó. Es una de las más sanadoras y reveladoras que he tenido con "ella". Y tú puedes sanar a tu niña también. Puedes hacer un acto mágico cuando le das a tu niña un espacio en tu vida. ¿Cómo? Creando una foto de ambas juntas. Si no tienes foto, haz un dibujo o busca una imagen de alguien que se parezca a ti y te represente. Es necesario hacerle saber a ella que ahora están juntas, que a todo sobrevivieron y que sabes lo hermosa, perfecta y pequeña que era y es. Que ahora tú la protegerás, atenderás y darás lo que no recibió y necesitó. Le darás lo que extraña, lo que quiere y lo que la divierte. Le harás saber que Dios sonrió el día que ella nació.

Ahora te invito a hacer una carta promesa, para que le hagas saber a tu niña, lo que tú le puedes dar. Sólo tú sabes lo que ella necesita y cómo se siente. Busca su encuentro para atenderla, cuidarla y sanar. Te prometo que será maravilloso.

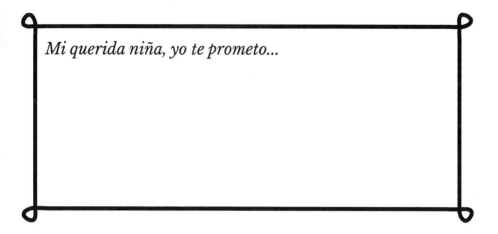

Mi querida niña, yo te prometo...

No es tu trabajo quererme.
Ese es mi trabajo.

Byron Katie

Capítulo 6

Creencias: las mías, las tuyas y las de los demás

¡Lo que nos han dicho una y otra vez!

A las mujeres nos han dicho muchas veces de varias maneras y por diferentes conductos cómo es que deberíamos de ser. Nos lo han dicho tantas veces, que dentro de nuestro inconsciente colectivo hay maneras de actuar que ni siquiera hemos cuestionado y formas de comportarnos que seguimos como algo natural. Esto se manifiesta, por ejemplo, cuando tenemos que tomar decisiones en nuestra vida y reaccionamos de manera automática. Decisiones sobre situaciones que consideramos parte de nuestro destino.

Analizar las ideas que tomaste de las personas que tuvieron una influencia significativa en tu vida, dará entendimiento sobre las ideas que se volvieron creencias en tu mente. Creencias que son parte de tu filosofía de vida y que tal vez no te das cuenta con qué relevancia influyen en ti. Cuando no revisamos en nosotras estas creencias, las vivimos y nos gobiernan.

A nosotras las mujeres nos han dicho de muchas maneras lo que debemos hacer para ser "buenas" mujeres. Entre estas, tener una "buena" reputación, para tener una manera respetable de vivir. Nos han dado una lista de formas de ser y actuar a cumplir, desde las más simples como sonreír, estar calladas, saber cocinar, coser, ser atentas, cuidadosas, ordenadas, suaves, pulcras, etc. Hasta unas más complejas; tener ciertas medidas, ser virgen, atender y cuidar a los enfermos, ser buenas madres y morir si es necesario, dar la vida por los hijos, ser santas, someterse al marido (nuestra cruz), ser pilares del hogar, salvar el matrimonio por los hijos (aunque nos estén golpeando en casa). Déjame decirte que ahora que lo escribo, reflexiono que aquí no hay nada simple de ser, porque todos estos deberes son complicados. Todos nos han complicado la vida.

Se nos han dado todas las tareas del hogar y somos las mujeres quienes estamos obligadas de alguna manera a mantener la armonía, el cuidado, el orden y el sustento, más aún cuando el padre abandona a la familia. Tenemos a nuestro cargo por lo general la administración de la casa; sin embargo no somos dueñas de casi nada. Y no es que esté mal hacerlo, simplemente que todo eso que acabo de mencionar son cuestiones que tú tienes que decidir si quieres hacer. Es decir muchas de nuestras ideas que tenemos y que seguimos sin pensar, son nuestros deberes o debeísmos. Lo que se nos dijo a las mujeres cómo debería de ser. Por eso surge el sentimiento de culpa cuando no cumplimos con todas estas expectativas que socialmente creemos.

Tenemos la creencia de ser nosotras quienes sostenemos la relación. Que nosotras tenemos que estar bien para que la relación esté bien. Y lo que resulta difícil de estar "bien", es cuando tenemos una pareja que no es pareja, o tenemos una pareja violenta. Por eso a veces fingimos estar bien, aunque en nuestro interior no seamos felices, estemos tristes e incluso deprimidas por estar en una relación no grata. Para seguir adelante, hay una vocecita en nuestro interior que nos dice; -si le echas ganas él cambiará, -si eres más cariñosa él cambiará. A veces esa vocecita se convierte en un reclamo a ti misma; -lo que pasa es que no sabes cocinar, -no eres muy buena en la cama, -no eres lo suficientemente bella, -no tienes el mejor cuerpo. Y crees que si cualquiera de estas cosas cambiara, la relación sería diferente. Pero casi nunca cambia. ¿Te identificas? ¿conoces a alguien que está "salvando" su relación?

Hay muchas razones por las cuales las mujeres están en una relación de violencia, pero esta creencia de sostener nosotras la relación es solo una de ellas. Asumimos que la relación que tenemos es nuestra responsabilidad, y si se rompe esa relación y no funciona, es porque hemos fracasado o no sabemos mantener un matrimonio, aunque se invierta la vida en ella. Y una relación siempre es de dos personas, en donde la pareja es responsable de cómo funciona, y se necesita del compromiso de ambos para que sea satisfactoria.

Por ello, es necesario hacer los cambios sobre las ideas o conceptos que tenemos de cómo deberíamos de ser y de actuar en las relaciones de pareja. Revisar nuestros conceptos del amor romántico; un amor que duele, que lastima, que "protege" hasta encerrarnos, que nos cela hasta insultarnos y en dónde tenemos que estar validando nuestra integridad, fidelidad y pertenencia, para seguir mereciendo ser elegidas.

Creemos que los problemas del matrimonio, de la casa y de los hijos los tenemos que resolver nosotras solas de una manera exitosa, como parte de las habilidades de ser mujer. Nos sentimos culpables cuando algo no marcha bien y nos desilusionamos, porque a veces por más intentos, tal vez las cosas no sigan estando bien. Esta manera de vivirte mujer en donde has sido madre, trabajadora, esposa, amiga y la mujer poderosa que todos conocen, a veces se cansa, se agota y se deprime.

Es en estas crisis cuando las mujeres entramos en una especie de neblina, donde se bloquean a sí mismas para vivir hacia afuera, en el mundo exterior o en la fantasía y evitan el mundo interior. Porque sentir la vida les duele. Así se puede vivir por años, nublada, sin gozo por la vida. Y es también en este bloqueo que a veces encuentran momentos de meditación, otros de iluminación y momentos en donde se decide que es hora de hacer un cambio, cuando se llega a un "¡Ya basta!"

Todas las mujeres tenemos una sabia interior. A veces esa sabia nos habla y nos alerta cuando sabemos que algo no está bien. Puede tener la forma de un foquito prendido en nuestra mente, y a ese foquito prendido a veces le ponemos el pie para no verlo, aunque ciertamente lo sabemos.

Revisar las creencias con respecto al amor, a la pareja, lo que crees que te hace feliz y lo que necesitas, probablemente te brinde otras nuevas y mejores percepciones, otras creencias más elegidas, benéficas, más saludables para ti, que te hagan estar en armonía con lo que eres y lo que quieres.

En ocasiones eres tú misma quien te está amargando la vida como consecuencia de tus propias decisiones, el mal manejo de las emociones y los decretos que tú misma te has empeñado en perseguir, aunque sean absurdos.

Descubrirás que cambiando lo que te hace infeliz, tu vas a vivir más plena y con más amor propio. Cuanto más te ames, menos amor solicitarás y te descubrirás con más capacidad de amarte a ti misma y a los demás. Con tu paz emocional evitarás relaciones y personas conflictivas y buscarás personas más afines a esta nueva manera de vivirte, que iluminará lo que haces y lo que te rodea.

"Los deberías": Una larga lista de mandatos

Los "deberías" mencionados en el capítulo anterior, pueden ser un sinfín de cosas que creemos que tendríamos que hacer, pensar, ser y cumplir. A veces estos "deberías" también son frases, dichos o refranes que escuchamos, nos gustaron y nos los apropiamos. Esta lista de "deberías" tiene su propia historia en tu vida, porque son creencias conformadas por recomendaciones, consejos, exigencias, pensamientos, ideas o valores que fuiste adquiriendo dentro de los distintos contextos que te rodearon. Fue adquirida en la familia, la escuela, la religión, programas de televisión o a través de personas que tuvieron alguna influencia en tu vida, como los adultos que estuvieron presentes en tu infancia. Así que muchos de estos preceptos que se convirtieron en "deberías", no son analizados o pensados, son creencias. La pregunta es ¿de dónde sacaste estas ideas? ¿Quién te las dijo? ¿Por qué las vives en tu vida como un mandato? ¿Qué pasaría si te dijera que los "deberías" son cuestionables?

Durante nuestra infancia los adultos nos dijeron que deberíamos de hacer tal o cual cosa. Nos decretaron ideas en la mente, nos fueron diciendo sus verdades, sus valores, sus creencias (como algunas que ya analizamos, por ejemplo, la creencia de ser elegidas, casarnos como destino, las ideas de lo que se considera bello y de que los sentimientos son buenos y malos, etc.) Estas ideas las creímos sin cuestionarlas y las introyectamos como mandatos.

Los "deberías" que creímos se convierten en obligaciones no elegidas. Y la verdad es que nadie debería de hacer o ser nada. Tal vez te preguntas: ¿cómo que nadie debería de hacer nada? ¿no deberíamos bañarnos? La respuesta es no. Tú puedes elegir no bañarte y obviamente las consecuencias de no bañarte, es que vas a estar sucia, que tal vez vas a oler desagradable y probablemente tengas además otras consecuencias, como que la gente no va a querer estar cerca de ti, no va a querer olerte, pero eso sigue siendo opcional.

Claro que si analizas las consecuencias, tal vez llegues a la conclusión de que **quieres** bañarte, porque al hacerlo puede que tengas unas consecuencias que sean más atractivas para ti. Quieres bañarte para sentirte limpia, fresca, que la gente no se aleje de ti, estar presentable o porque simplemente te agrada el olor de estar limpia. Entonces la frase cambia de "yo *debería* bañarme" a "yo *quiero* bañarme". Cuando sustituyas esa sencilla frase en tu mente del "*yo debería*" al "*yo quiero*", te apoderas de esa ejecución. Te liberas del *deber,* de la obligación y del mandato para convertirlo en algo que tú eliges. Yo elijo y quiero bañarme. Suena muy distinto, ¿cierto?

Otro ejemplo: Yo debería trabajar. No, no deberías trabajar. Puedes elegir no hacerlo y vivir tu vida de las limosnas, vivir en la calle como unas personas lo han hecho. Puedes vivir de la caridad y así enfrentar la vida. Pero si tú eliges no trabajar, obviamente vas a tener consecuencias sobre ello; como tener limitaciones en todos los sentidos, comer poco, vestir con lo que te den y estar a merced del clima y de las buenas intenciones de la gente que te provee.

Si cambias tu perspectiva y dices, ¡Yo quiero trabajar! y te preguntas ¿para qué? entonces vas a obtener tus propias respuestas: para comer lo que te gusta, comprar tu ropa preferida, tener una casa, un carro o ser independiente. Hay muchos resultados y consecuencias positivas si se trabaja. Lo importante aquí es cómo se lo dices a tu mente. A tu mente no le resulta agradable la frase, "yo debería de trabajar" porque parece un mandato, una obligación o un decreto. En cambio, si lo dices en primera persona y tú eliges trabajar porque tú sabes cuáles son los beneficios y las consecuencias, y tú quieres esas consecuencias, la frase "yo quiero trabajar", se vuelve una elección, una posibilidad, un camino a tomar o una decisión. En tu mente eso tiene un efecto maravilloso porque lo recibe agradablemente.

Vas a querer hacerlo, si eres tú quien lo decide y quien va a obtener las consecuencias de ese acto. Por otro lado, también tienes que saber que quien va a hacerse responsable de lo que tú quieres, eres tú, así de sencillo. Ahora te pregunto, ¿tú qué quieres hacer?

A continuación te invito a hacer un pequeño ejercicio. En un papel escribe una lista de todos los "deberías" que surjan de tu mente. Es decir una lluvia de ideas. Podrías empezar diciendo, "yo debería de…". Notarás que existen "deberías" de todo tipo: con respecto a la familia, al dinero, la belleza, los hijos, el ser mujer, ser amiga, ser hermana; respecto a cómo deberías ser profesionista, ser en el amor, ser mujer respetable, etc. Hay muchos "deberías" y hay mujeres que tienen una larga lista de todas las cosas que creen que deberían de ser y de hacer. Y esta larga lista solo está llena de mandatos que todavía tú no has escogido por ti misma para tu vida.

Una vez que hayas hecho la lista de todos tus "deberías" tan grande como te haya salido, te invito a revisar cada una de estas frases. Vas a cambiar los "yo debería" por "yo quiero" y si este "debería" cambiado por "yo quiero" se convierte en algo que no quieres hacer, o no de esa manera, entonces no es para ti y no es tuyo. Puedes escribirlo de tal manera que sea más posible, más realizable, y si no quieres nada de lo que dice, puedes eliminarlo de tu lista y así puedes eliminarlo de tu mente.

Procura que tus frases "yo quiero" no lleven las palabras "siempre", "nunca", "jamás", "perfecta", "la más grande", "la más buena", "la mejor". No quieras ser la más perfecta de las madres, porque por más buenas que sean las intenciones de la frase, es una frase que te exige demasiado. Además te aseguro que no vas a poder lograrlo, porque acuérdate que la perfección no existe y nos equivocamos.

Por ejemplo, si la frase es "Yo debería de ser buena madre". Cámbiala por "Yo quiero ser una buena madre". Ahora hay que hacer la frase posible y querible. "Buena" madre puede significar muchas cosas. "Buena" madre, puede ser una madre complaciente, una que se agacha, una "buena" madre que se deja que la roben. Unas frases recomendables podrían ser, "Yo quiero ser una madre atenta de las necesidades de mis hijos, la mayoría de las veces" o "Yo quiero ser una mamá atenta, confiable y amorosa con mi familia, en la medida de mis posibilidades". Estas frases pueden ser más factibles para ti, más realizables, y que te hagan sentir que eso es lo que tú quieres ser y que está en tus manos realizarlo sin que te cause frustración, desencanto, culpa o vergüenza porque no eres la madre perfecta.

Nuestra mente no distingue entre la intención del consejo y el consejo dado en sí. Así que el problema de las frases que traemos como "deberías", es que el cerebro las interpreta literalmente y muchas veces esta manera literal de concebir una idea hace que nosotras vivamos confundidas o reprimidas y que dejemos de hacer o de ejecutar muchas cosas, de tomar decisiones, porque nos estamos gobernando por esas ideas y esos "deberías".

Otro ejemplo sería, ¿para ser una buena amiga debo ser incondicional? ¿Qué significa ser incondicional? Tal vez quieras decir muchas cosas. "Incondicional" es una palabra muy exigente. Tú eres la que sabes únicamente qué es bueno para ti. Así que ser una amiga "incondicional" podría ser una lista de sacrificios que tú consideres que una amiga debe de hacer para tener tu amistad.

Si estas mismas características les pides a tus amigas para que puedan ser tus amigas, ¡es muy probable que tengas muy pocas! Porque tus expectativas sobre ser amiga "incondicional" son muy grandes. Están dadas en términos de lo que significa ser "buena" amiga para ti. Es muy distinto que digas, "yo quiero ser una amiga confiable" o "yo quiero ser una amiga solidaria la mayoría de las veces". Así te das permiso y les das permiso a tus amigas de a veces no cumplir, cuando no es posible, cuando las circunstancias no lo permiten o cuando no estás de acuerdo con algo. Entre menos condiciones le pongas a la amistad, abrirás tu mente para tener más amigas.

Decir qué es lo que quieres hacer y cómo lo quieres hacer es clarificador para tu mente. Utilizar un adjetivo calificativo que sea claro, que no te atrape en una obligación y que te permita las excepciones, es una manera más sana de articular frases en tu mente. Cuando cambiamos nuestra lista de "deberías" por una lista de "quieros" la perspectiva cambia totalmente, así como la manera en la que tú te apropias de lo que quieres hacer.

Todos estos "deberías" son patrones de pensamiento, modelos a seguir que nos limitan en nuestro diario vivir y que nos hacen sentir culpables por no realizarlos. Algunas veces no los ejecutamos porque nos resultan difíciles, imposibles o contrarios a nuestra naturaleza. Otras veces no queremos, porque no nos gustan, no estamos de acuerdo y no nos resultan atractivos. Aún así sentimos culpa, porque son mandatos sociales difíciles de evadir. Si tomamos conciencia sobre nuestros "deberías" o "debeísmos" comprenderemos que no tendríamos que sentir culpa por empezar a elegir nuestras creencias. ¿De acuerdo?

Cuando descubres y analizas tus patrones de pensamiento, creencias y debeísmos, sabes que puedes decidir entre un "quiero" o un "debo". La forma de experimentar lo que tú quieres hacer va a ser diferente, porque no es lo mismo tener que hacer algo a querer hacer algo. Ya no tenemos una reacción de oposición ante la regla del "deber" ser.

Cuando transformas el "deber" ser, por un "quiero" ser, es como si tomaras el timón del barco de tus decisiones, y dices quiero hacerlo, decido hacerlo. Así lo voy a hacer, porque así lo decido, porque así lo pensé, porque así lo quiero y deseo. Eso te da un empoderamiento sobre las decisiones en tu vida y te permite tener más clara la idea de lo que quieres hacer y de cómo quieres vivir.

La creencia de un absurdo

Nuestros cuerpos tienen una genética, historia, raza, color, tamaño y medidas, determinados por la geografía, los alimentos o por cómo nos sentimos. ¿A ti te ha disgustado tu cuerpo? ¿Quisieras que fuera distinto? ¡Creetelo! Tu cuerpo es singular, hermoso y único.

Una de las más devastadoras ideas que tenemos sobre nuestro cuerpo es con respecto a sus medidas. Hay una medida estándar que prácticamente todas las mujeres conocemos como el ideal a alcanzar, 90-60-90. ¿Las reconoces?

Cuando nuestro ideal es tener un número específico de medidas, nos frustramos con nuestro cuerpo y censuramos los cuerpos de otras. Las llamamos gordas, flacas, desnalgadas, destetadas, caderonas, panzonas, etc. todos son adjetivos que califican y denigran el cuerpo de las mujeres. ¿Te has sentido presionada por esta creencia? Esta creencia lastima a muchas mujeres porque son muy pocas (casi ninguna), las que puedan tener estas medidas específicas. Por ende, la revolución más grande y poderosa para recuperar el amor propio como mujeres, es poder amar y reconocer nuestro cuerpo.

Esta idea de las medidas ideales ha estado en nuestra mente desde que nacimos. No solamente a través de comentarios, sino que también lo vemos día a día en las revistas, la televisión y en la mayoría de los comerciales donde sale una mujer, porque al parecer somos el mejor adorno para venderlo todo.

Esta idea está interiorizada en tu mente y requerirá de toda tu consciencia y comprensión para asimilar esta pregunta ¿cómo hemos creído esta creencia absurda e imposible, de que todas debemos tener ciertas medidas específicas e iguales?

Esta creencia con tantos requerimientos a nuestro cuerpo, ha ocasionado frustraciones para muchas mujeres. Entre ellas, dos grandes consecuencias llamadas trastornos alimenticios: la anorexia y la bulimia. Consecuencias que son resultados de mucha confusión y desamor por nuestro cuerpo y nuestra propia persona. Una situación que resulta incongruente, porque considerando la posibilidad de comer, no se hace de manera voluntaria. Este tema es mucho más profundo de analizar. Sin embargo, quiero enfatizar hasta dónde podemos llevar nuestro desamor cuando nuestro sabio cuerpo es desvalorizado y despreciado. Tú puedes dejar de responder a estos requerimientos de un modelo establecido, amando tu cuerpo y sus características únicas de manera consciente y apoderándote de él.

Cuando utilizas tus sentidos para percibir la realidad, te darás cuenta de la diversidad natural de los cuerpos, de sus tamaños y colores y de sus formas distintas. Mirar alrededor tuyo analizando esta creencia te permitirá darte cuenta de lo absurdo que es esta idea y que es más absurdo perseguirla. ¿Cómo fue que creímos que podríamos hacer de nuestro cuerpo un molde?

Tu cuerpo te permite caminar, acariciar, abrazar, viajar, comer, sentir placer, alegría, tristeza, es decir, vivir en este mundo. Aún cortado o quebrado se vuelve a reponer. Tu cuerpo se cura solo y se regenera. Te manda avisos para decirte que algo está en desequilibrio; se enferma y te lleva a la cama cuando requieres descansar. Tu cuerpo te habla, te avisa, es leal, y aún cuando lo maltrates, le des mal de comer, lo descuides, tu cuerpo va a tener la sabiduría perfecta para volver a su equilibrio y sanar. Como podrás darte cuenta, tu cuerpo es tu amigo, tu acompañante, eres tú. Tu cuerpo tiene toda la perfección requerida para que puedas vivir en él más de 100 años. ¡Es una maravilla!

Tu cuerpo no necesita medidas específicas. Tu cuerpo necesita de tus cuidados. Necesita ser nutrido con buenos alimentos y sentimientos. Es importante que tengas ideas amorosas con respecto a tu cuerpo. Que lo valores y respetes lo que tú eres y lo que tu cuerpo hace por ti. Que reconozcas tu maravillosa imagen delante del espejo y camines con el resplandor que te da el amor propio de saber que eres perfecta en tu imperfección. ¡Eres genuina y única!

Focalizo
¡soy el Intento!
Dentro de mí hay una forma perfecta, la Forma Divina.
Yo ahora Soy todo lo que deseo Ser. Yo imagino, percibo,
veo,visualizo, siento a mi bello ser.
hasta que le doy Vida.
Yo soy una Niña Divina!
Todas mis necesidades están siendo provistas!
Ahora y para Siempre...
El Amor Infinito llena mi Mente,
estremece mi cuerpo con su vida perfecta.
Hago todo brillante y hermoso a mi alrededor,
Cultivo mi humor, Disfruto de la Alegría y el Brillo del Sol.
Este día sucede debido a mi
Digo adiós a la víctima
Estoy y Soy en el conocimiento
Soy Belleza, Salud y Alegría
Permito que suceda.
Creo lo que quiero. Amo lo que creo
Yo Soy mi Aventura, Crear es mi privilegio
Yo Soy lo que quiero para mi, una Entidad Divina
Vivo para descubrirlo
Adoro a Dios en mi
Por eso vivo como una Diosa
Respiro.
Me veo en tus ojos. Y salgo al bosque... porque,
Si no salgo, jamás ocurrirá nada y mi vida jamás empezará.
Corro con los lobos
Como, Descanso,
Vagabundeo en los períodos intermedios
Soy fiel, Amo a los hijos. Medito a la luz de la luna.
Aguzo el oído .Cuido de los huesos
Hago el amor
Aúllo a menudo.

Clarissa Pinkola Estés

Capítulo 7

Tú eres espíritu

La sabiduría interior

Cuando nosotras llevamos a cabo el trabajo de desarrollo personal, iniciamos un proceso de revaloración de todo lo vivido. Comprendemos que todas las experiencias buenas y malas que hemos pasado nos forjan y constituyen. Valoramos que a fuerza de experimentar la vida hemos aprendido lo que sabemos. Todas estas experiencias nos enseñaron y nos dieron herramientas o habilidades de sobrevivencia, capacidades y prácticas, que se transformaron en enseñanzas y saberes, para hacernos reconocer que de todas ellas hemos salido vencedoras.

Cuando despierta la mujer sabia que habita en ti, como consecuencia de la edad o del trabajo personal, inicias un reconocimiento hacia ti que posteriormente te permite reconocer a las otras mujeres. Te das cuenta que puede ser distinto el destino de nuestra vida cuando elegimos más conscientemente, y por ende tu destino también. Hay un alumbramiento espiritual, una nueva forma de vivir que te invita a compartir este despertar, lo cual se refleja en tu mirada, tu voz, tu caminar y en la forma de dirigirte a los demás. Sabes que no eres ni más ni menos. Estás más atenta a tus virtudes y saberes, y sientes la conexión con la vida y la naturaleza. Sabes que eres semilla y fruto. ¡Imagínate eres creación creadora!

Cuando este conocimiento lo integras a tu ser y se hace consciente para ti, tomas las riendas de tu vida y te haces presente en ella, sabrás que vas a ser tú quien la gobierna. Eso se convierte en una nueva mirada, una elección de creencias, una liberación de prejuicios que te harán sentir libre para expresar tu ser. Esta libertad una vez conocida, la desearás compartir.

Te será más claro reconocer que esta versión que hemos creído sobre nosotras, esta historia que nos han contado, tiene que ver más con circunstancias culturales, políticas o sociales externas a ti, que nos hacen vivir en la inequidad, la desvalorización de nosotras mismas y descalificación de nuestra propia sabiduría. Todo esto nos ha llevado a vivir en una opresión generacional.

Descubrir este secreto, esta verdad oculta para nosotras, te da una nueva manera de mirar la vida y de expresarte. Te das cuenta que hay que engendrarse de nuevo, renacer, ser otra. También te permite encontrar en el camino a otras mujeres que lo saben y a veces basta con una mirada de complicidad, una mirada hermana, para saber que ella sabe lo que tú sabes y aunque estén en diferentes procesos del camino de encuentro, saben que van al mismo lugar, a encontrar su amor propio.

Ella también sabrá que eres una mujer despierta, sin miedo al rechazo, ni al juicio. Que eres una mujer que ha reconocido su sabiduría, que sigue su corazón, una mujer que está en el camino a encontrarse. Que el mundo y sus misterios la habitan, una mujer en proceso de transformación, libre de amarse y disfrutar, porque así lo decide. Una mujer libre evolucionando. Por ello, hacer las paces con la chica del espejo te lleva a tu centro, a tu amor propio.

Tú eres una mujer sabia con muchas vivencias y lecciones de vida, que puede hacer de cada una de las heridas, como dice Jodorowsky, una perla. Y las perlas son nuestros aprendizajes, las habilidades de sobrevivencia. Me encantaría te visualizaras con este collar en tu pecho lleno de perlas de batallas ganadas, con un orgullo sano y liberador. Que imagines a todas las hermanas mujeres, cada una portando su collar y caminando. ¡Claro!, cómo lo sabes, ¡hechas a mano!

Cuando la mujer sabia despierta en ti.

Me miro al espejo y me abrazo
tengo poder en mi vientre y en mis manos
He reescrito mi pasado, guardo un espacio sagrado
El cielo oscuro ya no me asusta
He vuelto a renacer

Alejandra Baldrich

Cuando la mujer sabia despierta en ti, todo cambia, porque tú cambias. Cuando la mujer sabia te habita, reconoces su poder de decisión, no deja nunca más su destino en manos de nadie. Su paso marca el camino y siempre es hacia adelante, siempre con los ojos abiertos a la luz del día y a la noche. Porque se aprecia y sabe que los ciclos tienen su encanto. Sabes que cada camino, es un camino nuevo y viejo al mismo tiempo, que ha sido caminado por las mujeres que fueron, y que serán, por eso sabes que no estás sola y nunca lo estarás.

Cuando la mujer sabia despierta en ti, dejas morir lo viejo, lo conocido y la mentira, para tomar el espacio que te corresponde en la vida. Sabes cuándo es momento de retirarte porque ya aprendiste a reconocer lo que te enferma lo que te incomoda. Las voces que antes te guiaban, ya no son escuchadas, sino observadas y comprendidas. La voz que sigues, es tu propia voz. Se quedan atrás las culpas, los remordimientos y lo que no se hizo se hace.

Cuando la mujer, la que sabe, despierta en ti, sabes que el amor siempre ha estado ahí, que lo cargabas dentro, que creíste que había que buscarlo afuera para ofrecerlo y no para dártelo. Ahora sabes, que una vez recuperado e integrado en ti, compartirte es compartirlo.

Cuando la mujer sabia despierta en ti, buscas con quien compartir las heridas, con quien platicar lo sentido, con quién apreciar la belleza que ahora ves en cada rincón. Se reconocen las capacidades para sanar, las responsabilidades para curarse y los caminos de reconciliación se buscan. Sabes ahora que primero hay que perderse para encontrarse y que encontrarse resulta en un amor propio, sano, simple y nutricio.

Cuando la mujer sabia despierta en ti, nutres tu espíritu con cantos que salen de los pulmones y comprendes que bailar no es cuestión de pasos, sino de armonías que se sienten y recorren tu cuerpo. Que se puede bailar todo, las mariposas, el viento, el canto de los pájaros.

Cuando la mujer, la que sabe despierta en ti, se comparten las historias pasadas y los nuevos sueños. Los demonios internos ya no son alimentados y se vuelven compañeros domesticados que salen cuando hay que defender la guarida. No necesitas ser fuerte pero sí firme, y practicas los "No" tanto como los "Si", porque en la vida hay que tomar, soltar y atreverse. El egoísmo ya no es culpa, es solo una forma de mirarlo distinto, porque se sigue compartiendo todo sin perderse uno mismo en el intento.

Cuando la que sabe, despierta en ti, armonizas la respiración, se abren tus manos para acariciar, tomar y curar. Se hace comunión con la sal, a través de las lágrimas, el mar y el sudor. Sabes que la dulzura más grande puede estar en unos ojos cariñosos. Se disfruta del cuerpo, se cuida, se atesora. Se aprende a conectar con la luna, con los ciclos, con las ancestras. Se comprenden los pasos dados antes y los nuevos.

Cuando la mujer sabia despierta en ti, la soledad se busca para estar con una sonrisa haciendo planes y disfrutar de los pensamientos. Las penas se viven, se trabajan, se sueltan y se valoran las perlas de aprendizaje que dejan. La libertad está en el pensamiento y se pagan las facturas de lo valioso y se recoge el amor cuando sabes que no está tomado. La intuición se vuelve tu aliada, tu guía, y te dejas llevar por los latidos del corazón cuando se alborota y te dice que algo vale la pena de vivirse. Tu sabia es prudente y atrevida, su idea central es disfrutar la vida.

Cuando la mujer que te habita, la que sabe está sana, reconoce a las sabias despiertas, que se saben dadoras de vida, magas y hermanas, sabrás que en el camino del autoconocimiento, era necesario perderte para encontrarte. Y que en este camino hay mujeres que te ven y que ves, porque el camino del autoconocimiento nos reúne todas.

Me despido de ti,
Nos encontramos pronto, nos sentimos siempre, nos queremos todas.

Sobre la autora

Martha Verdugo nació el 25 de Septiembre en Mexicali, B.C. México y reside ahora en Cupertino Ca. Estados Unidos. Es madre de 3 hermosas mujeres; Cristina, Melissa y Andrea.

Licenciada en Psicología y Maestra en Ciencias Sociales con entrenamiento en Psicoterapia Gestalt y Coaching. Realizó estudios y capacitaciones en temas de educación, derechos humanos, habilidades socioemocionales, hipnosis, juego, integración corporal y género. Tiene más de 20 años de experiencia en procesos de transformación personal a través de talleres, capacitación y consultoría.

En México y Estados Unidos ha colaborado con Instituciones y Organismos de la Sociedad Civil, así como en proyectos internacionales con el Banco Interamericano de Desarrollo (BID), el Fondo de Naciones Unidas para la Infancia (UNICEF), el Programa de Naciones Unidas para el Desarrollo (PNUD). Instituto Nacional de las Mujer (INMUJER), Consulado de México en San Francisco y Health Initiative of the Americas UC Berkeley entre otras. Y continúa como Directora de Proyectos de Género en Tierra Colectiva: Ciudadanía, Género y Medio Ambiente, A.C.

Actualmente trabaja con mujeres latinoamericanas como Tallerista y emprendedora del Proyecto: Haciendo las Paces con la Chica del Espejo, el cual está diseñado en forma de espacios de encuentro con talleres vivenciales para empoderar a mujeres con el redescubrimiento de su persona, a través de cuatro aspectos; Conócete, Descúbrete, Actívate y Empodérate.

Contáctala

Página Oficial
www.marthaverdugo.com

Facebook
@martha verdugo.emp

Instagram
@marthaverdugo

Correo electrónico
encontacto@marthaverdugo.com

Bibliografía

Armendáriz, R. (2005). PNL Sanando heridas emocionales. Programación neurolingüística e hipnoterapia ericksoniana aplicada a la salud (2ª ed.). México, D.F., Editorial Pax México.

Baldrich, A. (2017). Mujer Árbol. San Bernardino California, Estados Unidos: CreateSpace Independent Publishing Platform.

Banco Mundial (2019, 3 abril). Pobreza: panorama general. Recuperado 20 septiembre, 2019, de https://www.bancomundial. org/es/topic/poverty/overview

Bensoussan, H. (2017, 8 marzo). 3D printing and clitoris: Odile Fillod teaches with 3D printing. Recuperado 20 septiembre, 2019, de https://www.sculpteo.com/blog/2017/03/08/3d-printing-and-education-3d-printed-clitoris-by-odile-fillod/

Bourbeau, L., & Feher, G. (2000). Las 5 heridas que impiden ser uno mismo: rechazo, abandono, humillación, traición, injusticia (13ª ed.). México, D.F., Editorial Planeta Mexicana.

Bradshaw, J. (2017). Volver a casa. Recuperación y reivindicación del niño interior (2ª ed.). Madrid, España, Gaia Ediciones.

Bucay, J. (2005). Shimriti. De la ignorancia a la sabiduría. Barcelona, España, RBA Integral.

Dupeyron, Odin (2002). Y colorín colorado este cuento aún no se ha acabado / And colorín colorado this story is not over yet: La vida no se acaba, hasta que se acaba/ Life does not stop, until it's over (3ª ed.). México, D.F., Disidente.

Faber, A., Mazlish, E., & Coe, K. A. (1997). Cómo hablar para que los niños escuchen y cómo escuchar para que los niños hablen / How to talk so kids listen & listen so kids will talk (12ª ed.). México, D.F., Edivisión Compañía Editorial.

Fagetti, A. (2006). Mujeres anómalas: del cuerpo simbolizado a la sexualidad constreñida. Puebla, México, Benemérita Universidad Autónoma de Puebla.

Ferreira, Davina. (2020) If a love had a name. Alegría Publishing. Los Ángeles Ca. Estados Unidos.

Garriga Bacardí, J. (2012). ¿Dónde están las monedas? Sanar las relaciones entre padres e hijos (3ª ed.). Buenos Aires, Argentina, Altuna Impresores SRL.

Hay, L. L. (1992). Tú puedes sanar tu cuerpo / Heal your body: Causas mentales de la enfermedad física y la forma metafísica de vencerlas / Mental causes of physical illness and the metaphysical way to overcome th (20ª ed.). México, D.F., Editorial Planeta Mexicana.

Hay, L. L. (2007). Amate y sana tu vida: libro de trabajo (20ª ed.). México, D.F., Editorial Diana.

Hubin, A., & Michel, C. (2018). Entre mis labios, mi clítoris. Barcelona, España, Urano.

Jodorowsky, A. (2019, 7 julio). Poema Alejandro Jodorowsky. Recuperado 23 septiembre, 2019, de https://www.facebook. com/unsupportedbrowser

Katie, B., & Mitchell, S. (2002). Amar lo que es: cuatro preguntas que pueden cambiar tu vida (2ª ed.). Barcelona, España, Urano.

Lamas, M. (2002). Cuerpo: diferencia sexual y género (3ª ed.). México, D.F., Aguilar Editorial.

Lamas, M. (2006). Feminismo: transmisiones y retransmisiones. México, D.F., Santillana.

Miller, A. (2018). El cuerpo nunca miente (9ª ed.). México, D.F., Tusquets.

Moorjani, A. (2013, 30 noviembre). Morir para ser yo [archivo de video]. Recuperado 1 septiembre, 2019, de https://www.youtube.com/watch?v=rhcJNJbRJ6U

Naukas (2017, 29 diciembre). ¿Cuánta gente ha vivido en la tierra? [Publicación en un blog]. Recuperado 1 septiembre, 2019, de https://culturacientifica.com/2017/12/29/cuanta-gente-ha-vivido-la-tierra/

Nhat Hanh, T. (2017). El arte de cuidar a tu niño interior (3ª ed.). Barcelona, España, Paidós.

Noguchi, Y. (2011). La ley del espejo: una regla mágica que resuelve cualquier problema en la vida (8ª ed.). Barcelona, España, Editorial Comanegra.

Ortega y Gasset, O. Y. G. (s.f.). Filosofía contemporánea Ortega y Gasset [Publicación en un blog]. Recuperado 8 mayo, 2019, de https://www.e-torredebabel.com/Historia-de-la-filosofia/Filosofiacontemporanea/Ortega/Ortega-Creencias.htm

Osho (1995). Meditación, primera y última libertad. Madrid, España, Gaia Ediciones.

Osho (2006). Libertad. La valentía de ser tú mismo (2ª ed.). México, D.F., Editorial Grijalbo.

Payne, J. L. (2007). Constelaciones familiares para personas, familias y naciones (2ª ed.). Barcelona, España, Ediciones Obelisco.

Peñuelas, M. A. (2004). Integración corporal. Documento presentado en integración corporal. Mexicali. B.C., México. Recuperado de http://www.cieexh.edu.mx/?fbclid=IwAR1yUwVxyH1ZAFv80PX xL70T7odjFbqgPHOCJuX6BHfnkq6LL9Dsdlyu9a4

Perls, F., & Baumgardner, P. (2006). Terapia Gestalt. Teoría y práctica. Su aplicación (2ª ed.). México, D.F., Editorial Pax México.

Pinkola Estés, C. (1998). Mujeres que corren con los lobos (5ª ed.). Barcelona, España, Ediciones B.

Ruiz, M. (2003). La maestría del amor. Una guía práctica para el arte de las relaciones (6ª ed.). Barcelona, España, Ediciones Urano.

Stevens, J. O. (2000). El darse cuenta. Sentir, imaginar, vivenciar. Ejercicios y experimentos en terapia gestáltica (2ª ed.). México, D.F., Editorial Cosmovisión y-Cuatro Vientos.